Ernst Pöppel, Beatrice Wagner

Traut Euch zu denken!

GOLDMANN
Lesen erleben

Buch

Ernst Pöppel und Beatrice Wagner laden ein, gelassen und mit wachen Sinnen in die Tiefen unseres Denkens einzutauchen: »Traut euch, Neues auch auf ungewöhnlichen Wegen zu entwickeln. Nicht monokausal, sondern gestalthaft. Den Garten des Denkens zu bestellen, ungeachtet dessen, ob es irgendwo eine bessere, vollkommenere Art des Denkens gibt. Traut euch zu denken, auch wenn die Denkweise unvollkommen ist, auch wenn wir nicht alles wissen, uns unserer Unvollkommenheit bewusst sind und vermuten, dass die Ergebnisse unseres Denkens irgendwann überholt sein werden.«

Autoren

Prof. Dr. Ernst Pöppel ist einer der führenden Hirnforscher Deutschlands. Er ist Professor für Medizinische Psychologie an der Universität München und Gastprofessor an der Peking University. Zudem ist er Mitglied der Nationalen Akademie der Wissenschaften Leopoldina und der Europäischen Akademie der Wissenschaften und Künste.

Dr. Beatrice Wagner ist Paar- und Sexualtherapeutin, Lehrbeauftragte an der Universität München und Buchautorin. Gemeinsam mit Ernst Pöppel schrieb sie die Bestseller »Je älter, desto besser« (2011) und »Dummheit« (2013).

Ernst Pöppel, Beatrice Wagner

TRAUT EUCH ZU DENKEN!

Wie wir der allgemeinen Verdummung entkommen

GOLDMANN

Sollte diese Publikation Links auf Webseiten Dritter enthalten,
so übernehmen wir für deren Inhalte keine Haftung,
da wir uns diese nicht zu eigen machen, sondern lediglich auf
deren Stand zum Zeitpunkt der Erstveröffentlichung verweisen.

MIX
Papier aus verantwortungsvollen Quellen
FSC® C014496
FSC www.fsc.org

Verlagsgruppe Random House FSC® N001967

1. Auflage
Taschenbuchausgabe Januar 2018
Wilhelm Goldmann Verlag, München,
in der Verlagsgruppe Random House GmbH,
Neumarkter Str. 28, 81673 München

Lektorat: Ralf Lay, Mönchengladbach
Umschlaggestaltung: UNO Werbeagentur, München, nach einer Idee von
Martina Baldauf, herzblut GmbH, München
Satz: Satzwerk Huber, Germering
KF • Herstellung: kw
Druck und Einband: GGP Media GmbH, Pößneck
Printed in Germany
ISBN: 978-3-442-15943-7
www.goldmann-verlag.de

Besuchen Sie den Goldmann Verlag im Netz

Inhalt

3 Traut euch, nicht immer nur einen Grund zu vermuten

4 Traut euch, den Zufall auszubeuten

5 Traut euch zu vergessen

6 Traut euch, im Jetzt zu leben

7 Traut euch, immer einen Schritt weiterzudenken

8 Traut euch, die Bedeutung der Langeweile zu erkennen

9 Traut euch zu sterben

10 Denken, ja – aber was ist das eigentlich? Oder: Traut euch, über das Denken zu denken

Vorwort

Manchmal leitet uns unser Denken auf Umwege und wir benötigen ganz schön viel Durchhaltevermögen, bis uns das Leben dann doch wieder zur Glückseligkeit führt. Ein ziemlich deutliches Beispiel finden wir bei Voltaires *Candide*: »Bedenkt doch: Hätte man Euch nicht der Liebe zu Fräulein Kunigunde wegen mit derben Tritten in den Hintern aus einem schönen Schlosse gejagt, hätte Euch nicht die Inquisition verhaftet; hättet Ihr nicht ganz Südamerika zu Fuß durchwandert; hättet Ihr dem Baron keinen gewaltigen Degenstich verpasst; hättet Ihr nicht Eure Lamas in dem wunderbaren Lande El Dorado bis zum letzten verloren – so säßet Ihr jetzt nicht hier und äßet Pistazien und kandierte Zitronenschalen.«[1]

Puh, all diese fürchterlichen Ereignisse, nur um als Belohnung hinterher Pistazien zu essen? Ja, aber so tickt nun einmal Doktor Pangloss, der getreu dem Motto von Leibniz meint, in der besten aller möglichen Welten zu leben. Doch sein vom Schicksal geplagter Schüler ist mittlerweile von dieser Idee geheilt:

»Sehr wohl gesprochen«, antwortet Candide. »Aber wir müssen unseren Garten bestellen.«

Damit hält er seinem Lehrer ein anderes Rezept zur Glückseligkeit entgegen, nämlich sich nicht mehr um die großen philosophischen Erklärungen zu kümmern, sondern im Kleinen zu handeln. Denn das ist es offenbar nach Candides Meinung, worauf es eigentlich im Leben ankommt.

Und genau darum geht es auch in unserem Buch: nicht um die großen, komplizierten, abgehobenen Denkprozesse, sondern um das, worum es beim Denken geht. Denn das Denken ist gar kein Wert an sich, sondern nur eine Dienstleistung für das Handeln. Nur das Handeln macht uns satt, verschafft uns ein Dach über dem Kopf oder einen Partner beziehungsweise eine Partnerin für unser Bett. Und für das richtige Handeln ist es völlig egal, auf welche Art wir zu der Erkenntnis gelangen, was wir zu tun haben. Die Natur hat uns hier im Laufe der Jahrmillionen verschiedene Werkzeuge mitgegeben. Sich zu trauen, all diese Werkzeuge zu nutzen, ist das, wofür wir mit unserem Buch die Augen öffnen möchten.

Der Roman *Candide* von Voltaire ist eine Persiflage auf die »beste aller möglichen Welten«, und unser Buch persifliert das explizite, vernunftgeleitete, logische Denken … und zwar deswegen, weil es nur einen Teil des Ganzen ausmacht. Wir in unserer westlichen Welt denken monokausal, alles muss eine Ursache haben, dabei kann es doch auch sein, dass alles miteinander zusammenhängt. In der Wissenschaft jedoch, als dem Heiligen Gral des Denkens, versuchen die Menschen, es richtig zu machen, die eine Ursache zu finden, Versuche durchzuführen, Ideen nachvollziehbar darzustellen, Hypothesen aufzustellen, Denkfehler zu vermeiden, sich vom Kleinen zum

Großen vorzuarbeiten, ein Problem in Teile zu zerlegen … und oft genug funktioniert das alles auch. Aber viel öfter noch funktioniert es nicht.

Wie es funktioniert, dazu gibt es viele Möglichkeiten. Archimedes kam seine Heureka-Idee in der Badewanne und nicht am Schreibtisch. Dem deutschen Chemiker August Kekulé erschien die Struktur des Benzolrings im Traum als eine Schlange, die sich in den Schwanz beißt. Steve Jobs hat Apple in einer Garage gegründet. 80 Prozent eines Therapieerfolges ist auf die Persönlichkeit der Therapeutin oder des Therapeuten zurückzuführen, ungeachtet der angewandten Methode. Und um statistische Zusammenhänge zu begreifen, fehlt uns der dazu notwendige Sinn, sodass wir uns von tatsächlichen wissenschaftlich ausgedrückten Ergebnissen sowieso in die Irre führen lassen.

Also wird es Zeit für ein Buch, in dem einmal all die anderen Denkbereiche aus der Versenkung geholt werden. Wie wäre es denn damit, dass Vergessen notwendig ist für das Denken, ebenso wie die Intuition, die Langeweile, der Zufall, das Vorurteil? Wie wäre es damit, dass unser logisches Denken, auf das wir uns so viel einbilden, nur in einer Hirnhälfte beheimatet ist, und wenn wir dieses auch noch auf das bewusste Denken reduzieren, dann ist es vielleicht nur 1 Prozent der Hirnleistung, die wir dafür zur Verfügung haben? Der Großteil unserer Denkaktivität findet im dunklen und verborgenen Bereich statt, und wir bekommen nur die Ergebnisse mitgeteilt. Und diese können sowohl in einem logischen Zirkelschluss bestehen, wobei uns auch hier die genauen Denkvorgänge nicht bewusst sind, als auch in einem plötzlichen Wissen wie »Die Krone muss ins Wasser getaucht werden« (Archimedes), »Die Benzolstruktur ist ein Ring« (Kekulé) oder »Eine einzelne abgeschossene Atomrakete ist nicht der erwartete Angriff, sondern ein falscher Alarm« (Stanislav Petrow, siehe Kapitel 1). All dies sind solche Ergebnisse eines nichtexpliziten »dunklen« Denkens.

Ein neues Denken beruht also darauf, all die »I-bah«-Funktionen unseres Gehirns mit einzubeziehen. Traut euch, Neues auch auf ungewöhnlichen Wegen zu entwickeln. Nicht monokausal, sondern gestalthaft. Den Garten des Denkens zu bestellen, ungeachtet dessen, ob es irgendwo eine bessere, vollkommenere Art des Denkens geben mag. Traut euch zu denken … auch wenn die Denkweise unvollkommen ist, auch wenn wir nicht alles wissen und uns unserer Unvollkommenheit bewusst sind – und auch wenn wir vermuten, dass die Ergebnisse unseres Denkens sowieso irgendwann überholt sein werden. Auch das ist ein Thema unseres Buches. Aber auch hier bleiben wir noch nicht stehen.

Es geht schlussendlich darum, komplementär zu denken. Nicht nur den einen Denkweg zu gehen, sondern immer auch den entgegengesetzten. Klingt vielleicht komisch, aber genau so funktioniert unser Denkvermögen.

An der Universität München stellen in unseren Lehrveranstaltungen für Medizinische Psychologie die Studierenden, angehende Ärzte, immer wieder diese Frage: Wie reagieren wir eigentlich, wenn uns später einmal ein Patient ein Problem schildert? Ist es dann am besten, wir versetzen uns in die Lage des Patienten, versuchen, ihn zu verstehen, und entwickeln Empathie und Mitgefühl? Oder ist es besser, wir bleiben bei uns selbst, analysieren die Situation des Patienten und geben dem Hilfesuchenden aus einer anderen Perspektive heraus Hilfe? Also mit anderen Worten: Helfen wir dem Patienten aus einer Innen- oder einer Außenperspektive heraus?

Die Antwort von erfahrenen Ärzten und Therapeuten lautet hier: »Sowohl als auch.« Sowohl Anteil nehmen als auch vom eigenen Wissen und den eigenen Erfahrungen her sprechen. Also sowohl Innen- als auch Außenperspektive einnehmen, was übrigens nicht gleichzeitig gelingt, sondern nur nacheinander und abwechselnd geschehen kann.

Oder wie ist es während eines Sexualaktes? Ist es besser, in der Sache zu verweilen, die Atmosphäre und die Emotionen zu genießen? Oder ist es besser, mit offenen Augen zu handeln und zu überlegen, wie der Akt dramaturgisch weitergeführt werden kann? Also genießen oder planen? Auch hier kann die Antwort nur lauten: »Sowohl als auch.« Sowohl Hingabe als auch Strategie sind gefragt. Aber das kann übrigens ebenfalls nicht gleichzeitig geschehen, sondern nur nacheinander.

Weitere Überlegungen dieser Art lauten: Sind wir in unserer Identität statisch oder gleichzeitig auch dynamisch? Sollen wir uns also besser auf unsere bestehende Identität beziehen, auf das, was uns von uns selbst bekannt ist, oder sollen wir uns auf neue Erlebnisse einlassen?

Es ist alles stets komplementär. Die Zeit ist sowohl kontinuierlich also auch hüpfend und springend. Eine Entscheidung generiert sich sowohl aus dem expliziten als auch aus dem impliziten Wissen. Wenn wir anderen Menschen etwas vermitteln wollen, müssen wir sowohl die Form wahren als auch für einen überzeugenden Inhalt sorgen.

Auch das Gegensatzpaar Kreativität und Logistik bedingt sich gegenseitig. Wenn wir der Kreativität das Neue, das noch nie Gedachte zuordnen und der Innovation die Anwendbarkeit des Neuen, die Logistik, etwas im Markt einzuführen, so gilt auch hier: Beides ist notwendig. Das Kreative allein könnte ein Sturm im Wasserglas sein, nur das Logistische im Blick zu haben bedeutet hingegen, alles Lebendige wird von vornherein eingefroren. Erst wenn wir beides im Blick haben, kommt es zu einer Innovation.

Ganzheitlich betrachtet, ist alles Denken immer komplementär zu sehen. Komplementarität ist ein Lebensprinzip und nicht nur eine Anschauungsweise. Der Unterschied? Komplementarität als Anschauungsweise bedeutet, dass wir wissen, neben Schwarz gibt es Weiß, neben Arm gibt es Reich, und neben dem Bewussten gibt es das Unbewusste. Komplementarität als Lebensprinzip aber bedeutet, dass die Gegensätze zusammengehören. Dass sie nicht nur gegensätzliche Sichtweisen sind, sondern dass sie sogar beide richtig sind. In der Monade aus Yin und Yang wird es symbolisiert: Zum Schwarzen gehört das Weiße, zur Erde gehört der Himmel, und in jedem ist jeweils ein versprengter Teil des anderen. Die Gegensätze sind so untrennbar miteinander vereint wie die eine Seite eines Blattes mit der anderen. Das eine kann nicht existieren ohne das andere. Man kann nicht nur mit einer Hand Beifall klatschen.

Und so denken wir das auch mit dem expliziten und dem impliziten, mit dem bewussten und dem unbewussten Denken. Wir können uns gar nicht entscheiden, ob wir entweder bewusst oder unbewusst denken, weil nur beides zusammen zu einer Lösung führt. Oder ob wir bei moralischen Prinzipien besser die Innen- oder die Außenperspektive verfolgen, weil es dabei am besten darum geht, gleichzeitig das Urteil der anderen und das eigene im Auge zu behalten.

Es geht gleichzeitig darum, eine rationale Beurteilung der Sachverhalte vorzunehmen und uns als empathische Wesen nicht zu verstecken. Oder wie es der römische Geschichtsschreiber Tacitus einmal gesagt hat: etwas sowohl im nüchternen als auch im berauschten Zustand zu beurteilen.

Komplementarität ist ein generatives Prinzip: Vorgänge des menschlichen Erlebens und Verhaltens, Prozesse des menschlichen Gehirns, erklären sich nach diesem Prinzip. Es müssen immer mindestens zwei Prozesse zusammenkommen, damit sich unsere subjektive Welt aufbauen kann, so zum Beispiel das genetische Repertoire und seine Bestätigung durch Umwelteinflüsse.

Die Idee der Komplementarität als generatives oder kreatives Prinzip ist nicht etwas Neues, sondern sie wurde schon zu Beginn unserer Geistesgeschichte entdeckt. Es war der griechische Philosoph Heraklit vor etwa zweieinhalbtausend Jahren, der zuerst über Komplementarität als generatives und nicht als deskriptives Prinzip nachdachte. Heraklit hatte die Idee, dass alles eins sei, dass Gegensätze zusammenfallen: Das eine ist nie ohne das andere: wie Leben und Tod, Wachen und

Schlafen, Entstehen und Vergehen, Alt und Jung, Männlich und Weiblich, Gut und Böse oder Lust und Schmerz. Die Welt der Gegensätze wird harmonisch zusammengebunden, indem sich die Pole, die sich entgegenzustehen scheinen, gegenseitig bedingen. Und es sind Komplementaritäten, die unser Erleben und Verhalten erst möglich machen, die das erzeugen, was unser geistiges Leben bestimmt.

Und so zeigen wir in diesem Buch den anderen, den vergessenen Teil unserer Denkprozesse auf, der komplementär zu seinem Gegenteil wichtig ist. Wenn wir also in einem Kapitel über die Wichtigkeit des Vergessens schreiben, dann meinen wir damit natürlich auch, dass das Nichtvergessen ebenfalls wichtig ist. Oder wenn wir über Vorurteile schreiben, dann meinen wir, dass das Nichtexistieren von Vorurteilen genauso von Belang ist. Doch den zweiten Teil, die andere Seite der Medaille, kennen wir schon. Deswegen heben wir den ersten Teil in diesem Buch hervor.

Auch dieses Buch ist komplementär entstanden, unser Autorenduo besteht aus einem männlichen und einem weiblichen Part, aus einem theoretischen Forscher und einer praktizierenden Therapeutin, und dann auch noch aus einem jüngeren und einem älteren Wesen. Doch wir haben den Eindruck, dass genau diese Mischung den Erfolg unserer Bücher ausmacht. Nur an manchen Stellen wirkt das Autorenduo ein bisschen sperrig, nämlich dann, wenn wir aus unserer jeweiligen Erfahrungswelt berichten und dann nicht von einem gemeinsamen »Wir«, sondern etwas gestelzt von Ernst Pöppel oder von Beatrice Wagner schreiben müssen.

1 Traut euch, intuitiv zu denken

Nach mehreren Enttäuschungen in Liebesangelegenheiten beschloss ein junger Mann, nennen wir ihn einmal Viktor, es diesmal ganz anders anzugehen, nämlich logischer und überlegter, um von vornherein die häufigsten Trennungsgründe auszuschließen. Als ihn seine neue Finanzberaterin Simone begrüßte, konnte Viktor zwar nicht von Liebe auf den ersten Blick sprechen, doch er zog sie näher in Betracht. Hübsch war sie schon, zudem groß, schlaksig und sicher keine, die den Männern nur den Kopf verdrehen wollte. Mit den vorherigen Freundinnen war Zukunftsplanung nicht möglich gewesen, Simone hingegen wirkte gradlinig. Das Gerede über Diäten war ihm zuwider, doch eine bereits schlanke Frau wird ja wohl keine Diät mehr brauchen. Mit Geld sollte sie umgehen können, wer könnte das besser als jemand von der Bank? Wer Ordnung in seinen Finanzen hält, ist zudem ja wohl insgesamt ein ordentliches Wesen. Ein Jahr später nahm Simone seinen Heiratsantrag an.

Und heute, fünfzehn Jahre später? Jetzt ist die Welt ganz anders: Mit Diäten hat Simone in der Tat nichts am Hut, im

Gegenteil, das Ganze schlägt doch sehr in eine andere Richtung um. Das Gradlinige ist nur noch bissig. Ihre Ordentlichkeit ist im Kaufrausch erstickt. Streit und Ernüchterung sind zwischen ihnen an der Tagesordnung. »Was stimmte an meiner Kriterienliste nicht?«, fragt sich Viktor wehmütig.

Nun gut, die Liste stimmte sicher, aber sie war nicht vollständig. Denn Viktor hatte sich ausschließlich auf sein bewusstes Wissen verlassen. Auf dieses berufen wir uns in unserer kopfgesteuerten hochbeschleunigten Gesellschaft, die versucht, alles berechenbar zu machen, und in der sich der Einzelne nichts mehr zutraut. Das sehen wir an den Kriterien für die Partnerwahl genauso wie an den Multiple-Choice-Fragen für Bewerber eines Studiengangs für Medizin. Doch der Bereich für das bewusste Wissen macht nur vielleicht 1 Prozent unseres Gehirns aus. Der meiste Anteil der restlichen 99 Prozent ist für andere Anteile unserer Langzeit-Wissensspeicher vorgesehen. Das ist zum einen all das, was zum unbewussten Wissen gehört, nämlich Kenntnisse und Steuerungsmechanismen, die wir brauchen, um als Menschen zu funktionieren, die uns aber nicht bewusst werden. Und zum anderen gehört dann das bildhafte Wissen dazu. Es umfasst unser Vorstellungsvermögen genauso wie unser episodenhaftes Erinnerungsvermögen. Letzteres ist deswegen bedeutsam, weil es in der Erinnerung stark mit Emotionen verknüpft ist. Kaum ein Bild aus unserem Leben, das wir eingespeichert haben, ist banal, fast jedes hat eine emotionale Bedeutung für uns. Nun kann man sich vorstellen, dass wir uns anders entscheiden, wenn etwa unser episodisches Gedächtnis mit einbezogen und berücksichtigt wird, weil wir dann natürlich subjektiver und persönlicher entscheiden, als wenn wir eine Kriterienliste erstellen. Dass Letzteres nicht funktioniert, musste auch schon Charles Darwin erkennen, der ähnlich wie Viktor zunächst objektiv ans Werk ging und sich dann aber die Ergebnisse seiner Berechnungen doch so hinbog, wie es ihm unbewusst offenbar von Anfang an suggeriert wurde. Auch bei ihm ging es ums Heiraten.

Mit diesem Thema hatte sich Charles Darwin nach dem Ende seiner berühmten Forschungsreisen mit der »Beagle« befasst. Viel Aufmerksamkeit hatte er bis dahin den Frauen noch nicht entgegengebracht. Jetzt aber hatte es seine Cousine Emma Wedgwood dem bald Dreißigjährigen angetan. Um sich über die Vor- und Nachteile einer Heirat Klarheit zu verschaffen, katalogisierte er seine Gefühle und Motive in einer zweispaltigen Tabelle. Auf die eine Seite schrieb er »Heiraten«, auf die andere »Nicht-Heiraten«. Unter Heiraten merkte er positiv an, »eine ständige Gefährtin und Freundin im Alter« zu haben. Jemanden, der sich für einen interessiert. Jemanden zum Liebhaben. Besser als einen Hund. Eigenes Heim und jemanden, der den Haushalt führt. Charme von Musik und weiblichem Geplauder. »Diese Dinge sind gut für die Gesundheit«, hielt er fest. Allerdings stand da auch ein Nachteil: »dass mit der Hochzeit Verwandte hinzukommen. Verwandte zu besuchen – eine schreckliche Zeitverschwendung.« In der Spalte »Nicht-Heiraten« listete er demzufolge auf: »die Freiheit, hinzugehen, wohin man will, und die Gesellschaft kluger Männer in Clubs«, aber auch »keine Kinder, kein zweites Leben also. Niemand, der sich im Alter um einen kümmert.«[2]

Und was nun? Er hatte so wissenschaftlich mit seiner Entscheidungsfindung begonnen, wie aber sollte er nun diese sehr unterschiedlichen Vor- und Nachteile gewichten? Am Ende gab dann doch sein eigentlicher Wunsch den Ausschlag, den er nachträglich zu rationalisieren versuchte: »Mein Gott, es ist unerträglich, sich vorzustellen, dass man sein Leben wie eine geschlechtslose Arbeitsbiene verbringt. Stell dir den ganzen Tag vor in einem schmutzigen Haus. Halte das Bild einer sanften Frau dagegen. Also: Heiraten, heiraten, heiraten.« Und er schloss wie ein Mathematiker nach einer Beweisführung mit dem berühmten Abschlusssatz »Qed – Quod erat demonstrandum«, was nur selbstironisch gemeint sein konnte, denn von einer expliziten, das heißt sprachlich ausdrückbaren Beweisführung war er ja weit entfernt. Stattdessen hat er sich auf sein intuitives Wissen bezogen, das genauer als seine Tabellen wusste, was gut für ihn ist.

Intuition: Das blitzartige Erkennen

Der Begriff »Intuition« wird erstmals in der altgriechischen Philosophie gebraucht und beschrieb damals eine Art des Erkennens. Er wurde für das blitzartige Erfassen des ganzen Erkenntnisgegenstandes benutzt. Das Gegenteil der Intuition war das partielle Erkennen, bei dem Teilaspekte des Ganzen betrachtet werden. Dies war die Basis für die spätere Unterscheidung zwischen Intuition und Ratio.

Bis in das letzte Jahrhundert hinein blieb die Intuition ausschließlich in der Philosophie angesiedelt. Dies änderte sich mit dem Aufkommen der Psychologie im 20. Jahrhundert, von ihr wurde die Intuition als eine Form des Denkens beschrieben. Wie genau diese aber aussehen sollte, war lange nicht klar. Der Begriff wurde unspezifisch für alle nichtanalytischen Arten zu denken benutzt. Sie erscheint einem wie ein Gedankenblitz oder ein Bauchgefühl, das beispielsweise sagt: »Heiraten, heiraten, heiraten ...«, wobei die Herkunft dieses Wissens für uns im Dunkeln liegt. Was passiert da im dunklen Bereich unseres Wissens? Damit hatte sich in einer grundlegenden Arbeit der Neurologe Rüdiger Ilg befasst, als er im Jahr 2005 im Klinikum rechts der Isar mithilfe eines Hirnscanners untersuchte, welche Bereiche unseres Gehirns bei einer intuitiven Eingebung aktiviert werden.

Ilg hatte zunächst mit freiwilligen gesunden Versuchspersonen einen Sprachtest durchgeführt und die Aktivierung des Gehirns während der Antworten mit einer funktionellen Magnetresonanztomografie (fMRT) gemessen. Mit einer fMRT lassen sich aktive Zentren im Gehirn sichtbar machen. Die Probanden bekamen die Aufgabe, spontan zu entscheiden, ob zwischen drei vorgegebenen Wörtern eine Gemeinsamkeit besteht. Als spontan wurden solche Antworten gewertet, die innerhalb von drei Sekunden gegeben werden, denn innerhalb dieses Zeitfensters ist ein explizites Durchüberlegen nicht möglich. Die vorgegebenen Wörter lauteten beispielsweise

»grün, hoch, Ziege« oder »Berg, Schere, weiß«. Die Probanden mussten schnell entscheiden, ob die Wörter zusammengehören und für sie ein Bild ergeben (Antwort A). Oder ob die Wörter zusammengehören, ohne dass der Proband weiß, warum (Antwort B). Oder ob sie nicht zusammengehören (Antwort C). Zu den genannten Beispielen meinten die meisten Probanden, dass die Dreierkombination »grün, hoch, Ziege« ein Bild ergäbe, und sahen vor ihrem geistigen Auge Ziegen, die auf der Wiese einer Hochalm weideten. Auf die Kombination von »Berg, Schere, weiß« hingegen antworteten die Probanden, dass diese Wörter nicht zusammengehörten. Sie ließen sich nicht zu einem schlüssigen Bild vereinen.

Ilg interessierte nun, welche Hirnbereiche an den unterschiedlichen Antworten beteiligt waren. Vor allem interessierte ihn der Vergleich zwischen Antwort A (»Die Wörter gehören zusammen, und sie ergeben ein Bild«) und Antwort B (»Die Wörter gehören zusammen, aber ich weiß nicht, warum«). Und tatsächlich: Die fMRT zeigte Unterschiede. Bei Antwort A wurden vornehmlich Areale der linken Gehirnhälfte aktiviert. Hier ist das logische analytische Denken angesiedelt, das auf dem expliziten oder semantischen Gedächtnis beruht. Auf diese Bereiche haben wir mit unserem Bewusstsein Zugriff. Das Ergebnis war zu erwarten, weil die Probanden ja ihre Antwort begründen konnten. Das heißt, sie haben diesen Teil des Gehirns angestrengt und aus den drei einzelnen eine gemeinsame Schlussfolgerung gezogen.

Wenn die Probanden hingegen mit B geantwortet haben, kam es zur Aktivierung von drei ganz besonderen weiteren

Arealen, die unserem Bewusstsein nicht zugänglich sind. »Die Areale, die wir gefunden haben, besitzen eine assoziative Verknüpfungsfunktion im Gehirn. In ihnen laufen Informationen aus verschiedenen Hirnarealen zusammen«, erklärte Ilg.[3] Und hier kommen wir der Ergründung der Intuition näher. Die Ergebnisse aus der fMRT bedeuten nämlich, dass bei intuitiven Entscheidungen solche neuronalen Zentren im Gehirn beteiligt sind, die nach einem Muster hinter den Begriffen suchen. Das sind sogenannte »assoziative Zentren«. Diese werden aktiviert, wenn die Antwort nicht sofort aus dem bewussten Wissen abzurufen ist. Dann werden intuitive Entscheidungsprozesse angeregt, bei denen das Gehirn nur untersucht, ob sich die einzelnen Bestandteile des Sprachtests irgendwie »überlappen« und so eventuell zu einem gemeinsamen Muster gehören. Ist das der Fall, gibt es uns das Ergebnis als »Bauchgefühl« kund, das in diesem Fall ja »sagt«. Intuition ist also eine bildhafte Angelegenheit.

Dies funktioniert auch außerhalb von Studien. Ein guter Mathematiker »weiß«, ohne zu rechnen, in etwa das Ergebnis einer komplizierten Gleichung. Ein erfahrener Arzt erkennt am Krankenbett, an welcher Krankheit der Patient leidet, auch wenn die Bluttests oder Röntgenaufnahmen noch ausstehen. Versierte Zollbeamte sehen an der Grenze, wer schmuggelt, obwohl sich der Schmuggler um ein normales Verhalten bemüht. Doch er kann winzige, kaum wahrnehmbare Zeichen nicht unterdrücken, und diese sind ein Muster, das zu einem Bauchgefühl führt. Auch umgekehrt weiß es der erfahrene Schmuggler, wenn der Zollbeamte ihn erkannt hat. Diese

Kommunikation läuft, ohne dass ein einziges Wort fällt. Die Schlepper von Flüchtlingen werden zurzeit noch nicht erkannt, das mag daran liegen, dass an Grenzen noch nicht genügend Erfahrung mit ihnen gesammelt und deshalb noch kein Sensorium für sie entwickelt wurde. Mit einem geschulten Auge kann man eine verlässliche Diagnose stellen, ohne sie mit einem eindeutigen Anzeichen zu begründen. Das gilt für alle Menschen. Man hat den Eindruck, dass bestimmte Anzeichen zusammengehören, ohne zu wissen, warum. In Wahrheit aber wussten wir schon lange um die Zusammenhänge. Sie waren nur unserem Bewusstsein nicht zugänglich.

Intuition lässt sich also mit Mustererkennung erklären. Dieser Aha-Effekt funktioniert innerhalb von Sekunden oder Sekundenbruchteilen, die vorbereitende Zeit dauert allerdings ein ganzes Leben lang. Aber auf jeden Fall funktioniert die Intuition komplett anders als eine »Kopfentscheidung«, die auf einem Abgleich von logisch hergestellten Zusammenhängen und Fakten beruht. Das bildhafte Wissen, dem ästhetische Regeln zugrunde liegen, kann sogar die Logik aushebeln und erst viel später beweisen, dass es recht hatte. Dies zeigt die Entdeckung des schottischen Physikers James Clerk Maxwell.

Der ästhetische Sinn in der Mathematik

Auf Maxwell gehen die vier Maxwell-Gleichungen zurück, mit denen er in den Jahren 1861 bis 1864 den Elektromagnetismus vollständig beschreiben konnte. Darin griff er bereits bekannte

Gleichungen und Vermutungen seiner Kollegen Coulomb, Ampère und Faraday auf und formulierte sie in einheitlicher Weise neu. »Als Maxwell seine vier Gleichungen noch einmal überprüfte, merkte er, dass irgendetwas nicht stimmte, und er korrigierte den Fehler, indem er die letzte Gleichung änderte«, schreibt der zeitgenössische Physiker und Nobelpreisträger Murray Gell-Mann.[4] Maxwell erfand den sogenannten Verschiebungsstrom und fügte ihn der letzten Gleichung hinzu. Das Besondere daran: Der Verschiebungsstrom war so klein, dass er mit den damaligen experimentellen Methoden nicht messbar war. Das heißt, »dass Maxwell den Term einfügen konnte, ohne damit den Ergebnissen irgendeines bekannten Experiments zu widersprechen«, so Gell-Mann. Das Fehlen dieser Komponente hatte Maxwell irritiert — aus ästhetischen Gründen! Die experimentelle Bestätigung erfolgte erst Jahre später, aber die Hinzufügung des Verschiebungsstroms erzeugte ein Gleichungssystem, das freie elektromagnetische Wellen, die sich mit Lichtgeschwindigkeit ausbreiten, als Lösung erlaubt.

Die Richtigkeit der Gleichungen war bahnbrechend: Maxwell erkannte an ihnen, dass Licht ein elektromagnetisches Phänomen ist und dass auch elektromagnetische Wellen außerhalb des für den Menschen sichtbaren Bereichs existieren müssen (Röntgenstrahlen, Mikrowellen oder Radiowellen).

Zum Glück hatte er sich auf seinen ästhetischen Sinn verlassen. Und überhaupt hat es sich bereits in mehreren Fällen als hilfreich erwiesen, das Unbewusste hinzuziehen. Aber leider ist es nicht immer eine Bereicherung, sondern stellt oft einen Widerspruch zum expliziten Wissen dar. Das wissen wir alle. »Bauch sagt zu Kopf ja, doch Kopf sagt zu Bauch nein, und zwischen den beiden steh ich (…) und weiß nicht«, trällert es derzeit der Sänger Mark Forster. Die Frage ist: Lässt sich auch das im Hirnscanner abbilden, wenn sich Kopf und Bauch widersprechen? Wenn das implizite und das explizite Wissen zu unterschiedlichen Ergebnissen kommen? Dieser Frage ging die Untersuchung eines Bischofs nach, der zunächst einmal nur wissen wollte, was eigentlich in seinem Gehirn passiert, wenn er betet.

Denken versus dunkles Denken

Die Untersuchung von Weihbischof Dr. Hans-Jochen Jaschke fand 2014 im Klinikum Großhadern in München statt. Der Bischof legte sich in den Hirnscanner und sollte dort zunächst einmal an nichts Spezielles denken, damit die Ruheaktivität zu ermitteln ist. Nach 10 Minuten baten Ernst Pöppel und sein Team ihn, nun mit hoher Konzentration zu beten. Er hatte sich dazu das Vaterunser ausgesucht, das er 20 Minuten lang permanent wiederholte. Nun müssten sich eigentlich zwei unterschiedliche Bilder ergeben. Doch das war gar nicht der Fall. Im fMRT zeigte sich absolut kein Unterschied zwischen der Ruheaktivität und dem Zustand des Betens. Heißt das nun, dass sich der Bischof unbewusst immer im Zustand des vollziehenden Gebetes befindet? Oder heißt es, dass seine Gedanken abschweifen, wenn er betet? Betet ein Bischof, wenn er betet?

Dann aber begann der zweite Teil des Experiments, der sich noch genauer mit dem unbewussten und dem bewussten Wissen befasste. Der Bischof bekam Passagen aus der Bibel, aus dem Koran und aus dem *Buch vom Sinn und Leben* von Laotse vorgelesen und sollte diese bewerten. Aus der Bibel waren es Psalmen, aus dem Koran einige religiöse Passagen, aber keine politischen. Aus Laotses *Tao te king* kamen philosophische, teils widersprüchliche Aussagen wie:

»Der SINN, der sich aussprechen läßt,
ist nicht der ewige SINN.
Der Name, der sich nennen läßt,
ist nicht der ewige Name.
›Nichtsein‹ nenne ich den Anfang von Himmel und Erde.
›Sein‹ nenne ich die Mutter der Einzelwesen.«[5]

Nach seiner Meinung zu diesen Texten befragt, gab der Bischof an, dass er den Aussagen aus der Bibel und aus dem *Tao te king* zustimmte, die Aussagen aus dem Koran zur Hälfte ablehnte. Das war also das, was ihm bewusst war. Wie aber wird sein Unbewusstes diese Aussagen bewerten? Der Bischof hörte sich die Texte noch einmal an, während nun der Magnetresonanztomograf die Hirnaktivität aufzeichnete. Leider kann man damit nicht feststellen, ob ein Proband gerade zustimmend oder ablehnend eingestellt ist. Doch man kann Hirnbilder vergleichen. Und es zeigte sich, dass das Gehirn auf die Aussagen aus der Bibel und aus dem Koran in absolut gleicher Weise reagierte. Seine Aktivierungsmuster waren völlig gleich.

Ein Unterschied zeigte sich hingegen bei der Rezeption des *Tao te king*. Als der Bischof diese Zeilen hörte, versuchte er, sie zu verstehen, und aktivierte dazu viele unterschiedliche Hirnbereiche. Das heißt, dem Gehirn erschien der Text als nicht einleuchtend, und es war mit ihm nicht ohne weiteres einverstanden, obwohl der Bischof die Aussagen ausdrücklich bejahte.

Die Studie hinterließ einen recht nachdenklichen Bischof, dem durch die Untersuchung gleich zwei Gewissheiten geraubt worden sind. Etwas ist eben nicht dann automatisch richtig, nur weil es in unserem Bewusstsein herumgeistert. Oft lohnt es sich, auf die Bildersprache und die verschlüsselten Botschaften und das Bauchgefühl zu achten, womit das Unbewusste versucht, zu unserem Bewusstsein durchzudringen, um uns vor Entscheidungsfehlern zu bewahren. Wie gut, dass sich manche Leute darauf verstehen, diese Botschaften zu entschlüsseln, denn sonst würden wir uns mit sehr großer Wahrscheinlichkeit mitten im Dritten Weltkrieg befinden, vielleicht wäre das menschliche Leben auf der Erde aber auch schon Geschichte.

Ein Wassereimer bewahrte uns vor dem Dritten Weltkrieg

Es war am 26. September 1983. Die USA und die Sowjetunion befanden sich im kalten Krieg und hatten Hunderte von Atomraketen aufeinander gerichtet, auf der einen Seite die Pershing II von Ronald Reagan und auf der anderen die SS 20. Moskau unter der Leitung von Juri Andropow rechnete jederzeit mit einem Überraschungsangriff der USA. Ein satellitengestütztes Raketenwarnsystem sollte einen bevorstehenden Nuklearschlag frühzeitig melden, um dann sofort mit einem vernichtenden Gegenschlag starten zu können, noch bevor die Pershings einschlagen. Als an jenem Abend Oberst Stanislav Petrow im Frühwarnzentrum Dienst hatte, heulten plötzlich die Sirenen, und auf dem Überwachungsbildschirm blinkte alarmierend das russische Wort für »Start«. Ein Spionagesatellit hatte den Abschuss einer Atomrakete von einer US-Basis registriert. Gemäß den Vorschriften – also auf expliziter Ebene – war das weitere Vorgehen geregelt. Von Petrow wurde erwartet, dass er die oberste sowjetische Führung über einen Angriff informierte, und diese musste nun binnen Minuten einen Entschluss fällen, um schnell einen Vergeltungsangriff zu starten, damit dann wenigstens beide Mächte in Schutt und Asche lägen. Deshalb hätte Andropow nach Expertenmeinung wohl den »roten Knopf« gedrückt und damit einen tatsächlichen nuklearen Gegenschlag durch Reagan provoziert.

Doch an all dies dachte Petrow nicht, wie er in einer späteren Erinnerung beschrieb.[6] Er hatte folgendes Bild vor seinem geistigen Auge: Jemand möchte einen Wassereimer leeren und löffelt ihn langsam mit einem Teelöffel aus. Das macht doch niemand, interpretierte er dieses Bild, niemals würden die USA nur eine einzelne Rakete auf die UdSSR feuern. Ein nuklearer Angriff würde mit Hunderten von Raketen gleichzeitig erfolgen und vernichtend sein, so war seine Erwartung. Doch dann meldete der Spionagesatellit einen zweiten Raketenstart und wenig später den Anflug von drei weiteren Raketen. Das sind immer noch Teelöffel, dachte Petrow. Und dennoch: eine enorme Anspannung, unter der er da stand, als er sich regelwidrig verhielt und alle Mitarbeiter in der Frühwarnzentrale auf seine schnelle Entscheidung warteten. Die Entwarnung kam nach einigen Minuten. Fehlalarm. Vermutlich hatte ein reflektierter Sonnenstrahl das sowjetische Warnsystem getäuscht. Petrows intuitive Einschätzung war richtig gewesen.

Aber wann ist nun was richtig? Worauf sollten wir uns verlassen? Wie wir gesehen haben, führt das ausschließliche Bemühen dessen, was uns bewusst ist, nicht immer zum gewünschten Erfolg. Das alleinige Entscheiden nur nach dem Bauchgefühl kann aber auch nicht der Königsweg sein, es macht uns ziellos. Uns Autoren liegt am Herzen, dass das unbewusste Wissen mit all seinen Facetten als solches wiederanerkannt und gewürdigt wird, wie es bereits unsere Vorfahren, die alten Germanen, praktiziert haben. Dies wissen wir aus den Niederschriften des römischen Geschichtsschreibers Tacitus. Vor wichtigen Entscheidungen – zum Beispiel, ob man zu einem anderen Jagdgrund ziehen sollte – ging der Stammesälteste zunächst einmal gemeinsam mit seinem Rat der Weisen die Gründe dafür und dagegen durch. Die Männer tauschten sich also auf expliziter Ebene aus und kamen hier zu einem Entschluss. Doch bevor sie den durchführten, schauten sie, ob der Entschluss auch auf impliziter Ebene stimmte. Sie tranken alkoholische Getränke (das explizite Denken tritt dabei in den Hintergrund), und sie berieten sich noch einmal.

Als gut befunden wurde eine Entscheidung dann, wenn sie im Rausch und bei nüchternem Verstand identisch war, wenn also nach heutiger Diktion das Bewusste und das Unbewusste mit einer Stimme sprachen. (Ist dies nicht der Fall, hilft es in den wenigsten Fällen, sich auf bewusster Ebene weitere Argumente für oder gegen eine Position zu überlegen.)

Heute aber, in unserer vernünftigen Zeit, versuchen wir streng nach Vorschrift und rationalen Argumenten zu handeln. Damit berauben wir uns im positiven Sinne vieler Erkenntnismöglichkeiten, wie uns etwa die Geschichte von Maxwell gezeigt hat. Wir machen uns auch etwas vor, wenn wir das, was eigentlich im Dunkeln in uns schlummert, gar nicht wahrnehmen.

Am besten ist es sicher, beide Bewusstseinsanteile gleicherweise zu berücksichtigen. Doch wie geht das, und wie holen wir das Unbewusste aus seinem dunklen Bereich hervor? Zwingen lässt es sich nicht. Wir können nur die Umstände schaffen, damit es in uns denken kann. Die beste Möglichkeit: regelmäßig Zeit nur für uns selbst einzuräumen. Wenn wir all die genannten Aspekte in Betracht ziehen, ist es völlig absurd zu sagen: »Ich denke.« Man kann allenfalls sagen: »Es denkt.« Das ist ja gerade das Wunderbare am Menschsein, dass einem etwas einfällt, und etwas einfallen kann einem nur, wenn es einem vorher nicht bewusst war. Dazu braucht es als Grundbedingung die Muße. Eingepresst in immer mehr Termine und Zeitvorgaben, entwickelt das Gehirn einen Tunnelblick und bemerkt nur noch das, was direkt vor einem liegt. Es hat keine Chance, auf der Fläche des weiten Ozeans implizit etwas als neue Insel aufsteigen zu lassen. Neue Ideen kann man sich mit diesem Bild vorstellen wie das Aufsteigen eines Vulkans aus dem Meer. Dies bringt uns assoziativ zu Goethe, zu dessen Fachdisziplinen auch die Geologie gehörte und der sich für den Gedanken über den Aufbau der Erdkruste und die Tätigkeit von Vulkanen interessierte. Im *Faust I* schreibt er: »Werd ich zum Augenblicke sagen: / Verweile doch! du bist so schön! / Dann magst du mich in Fesseln schlagen, / Dann will ich gern zugrunde gehn!« (Zeile 1699 ff.). Sich die Zeit für schöne Momente zu gönnen, die Muße ritualisieren, das ist das, worauf es ankommt. Traut euch, »Eigenzeit« zu nehmen, sie zu stehlen, wenn es sein muss. Man stiehlt, was einem sowieso gehört. 24 Stunden hat der Tag. Die Wachzeit macht davon vielleicht zwölf Stunden aus. 10 Prozent davon sollte Eigenzeit sein, das ist etwas mehr als eine Stunde. Wenn man sich nicht selbst bestehlen kann, eine Stunde für sich stehlen, dann soll man sich nicht beklagen. Nur der Zeitdieb kann zufrieden sein.

Wie wäre es, wenn man dies sogar institutionalisierte? Wenn man überall dort, wo mehrere Menschen zusammenarbeiten, täglich eine Stunde aus dem Kommunikationszwang ausstiege? Dies müsste natürlich überall dieselbe Stunde sein; vielleicht jeden Tag zwischen zehn und elf Uhr. Eine Firma oder ein Unternehmen ist dann still und denkt. Entscheidend ist, dass jeder das sichere Gefühl haben muss, nicht gestört zu werden, was nur bei einer allgemeinen Ritualisierung möglich wäre. Vielleicht sind auch kulturgeschichtliche Auszeiten wie Sabbat und Ramadan gedacht, um Abstand zu nehmen und ritualisiert eine Phase zu haben, in der man nichts tut.

Fazit

Explizites und implizites Wissen sind komplementär zueinander vorhanden. Wir können sowohl etwas in uns denken lassen als auch bewusst über etwas nachdenken. Kommt beides zusammen, wird es sinnvoll, denn damit haben wir sowohl die unbewussten als auch die bewussten Anteile unseres Gehirns vereint.

Etwas kann aber nur dann in mir denken, wenn ich mich ausdrücklich auf der Bewusstseinsebene mit einem Thema befasst habe. Das explizite Denken ist dann wie das Bauen verschiedener Pfeiler, die sich selbst miteinander vernetzen, immer natürlich zielorientiert. Jeder subjektive Akt, alles, was explizit oder implizit unser Erleben ausmacht, wird von raumzeitlichen Mustern neuronaler Aktivitäten getragen. Es gibt nie nur den einen Ort, an dem eine Vorstellung, eine Erinnerung, ein Gedanke oder das Erleben sitzt. Dieser ist zwar notwendig, aber nicht hinreichend für die wissenschaftliche Beschreibung unseres Selbst, wenn man so will: unserer Selbst-Analyse.

2 Traut euch, Vorurteile zuzulassen

Die USA sind das Land der Freiheit und Freizeit. Beim Stichwort »Kalifornien« denken wir sofort an wolkenlosen Himmel und Palmen am Strand, an den Glamour Hollywoods, an die Hightechindustrie im Silicon Valley oder an die Weingüter im Napa Valley. Denken wir an Indien, kommen uns heilige Kühe, meditierende Fakire, Bollywood, Typhus und Lepra, Reisfelder und … Callcenter in den Sinn. In Deutschland, wen wundert's, sind eher Bier, Bratwurst und Sauerkraut, Burgen am Rhein, der Reichstag, Lederhosen und das Oktoberfest zu Hause. Alles nur Vorurteile? Aber selbstverständlich. Und soll man sie deswegen nicht ernst nehmen? Doch! Denn Vorurteile sind durchaus sinnvoll. Darum geht es in diesem Kapitel.

Vorurteile sind überall auf der Welt zu Hause, wie die »Map of Stereotypes«[7] des slowakischen Teenagers Martin Vargic zeigt, der 1800 Klischees über die Länder und Regionen unseres Planeten verarbeitet hat und bei dem wir uns vorhin unter anderem bedient haben. Vorurteile haben keinen guten Ruf. Man denkt sofort an Fremdenhass, Ausgrenzung und Ungerechtigkeit. Es handelt sich ja auch laut Duden um eine »ohne

Prüfung der objektiven Tatsachen voreilig gefasste oder übernommene, meist von feindseligen Gefühlen gegen jemanden oder etwas geprägte Meinung«. Und so etwas soll sinnvoll sein?

Aber auf jeden Fall! Denn der Mechanismus der Vorurteile ermöglicht es uns überhaupt erst, in unserer Umgebung und in unserem sozialen Umfeld zu leben.

Vorurteile als sozialer Klebstoff

Mit der Geburt haben die Menschen überall auf der Welt ein von Struktur und Ausstattung her ähnliches Gehirn. Es besitzt ein Übermaß an Neuronen und Verschaltungsmöglichkeiten. Das genetisch vorgegebene Potenzial wird aber erst wirksam, wenn in den ersten Lebensjahren die Neuronen tatsächlich auch genutzt werden. Erst dann bilden sich die Synapsen aus, und erst mit einer gewissen Anzahl an Synapsen bleiben die Neuronen überlebensfähig. Neuronen, die nicht dazu in der Lage waren, eine bestimmte Zahl an Synapsen auszubilden, sterben einfach ab. Sinnvolle Verbindungen werden funktionell bestätigt, und auf diese Weise wird die detaillierte Struktur des Gehirns festgelegt. Es bildet sich eine individuelle Architektur des Gehirns, die langfristig verhaltenswirksam und lebensbestimmend ist. Ein klassisches Beispiel ist die Unterscheidungsfähigkeit der Laute »L« und »R«. Bei der Geburt haben Asiaten genauso wie Europäer prinzipiell die Möglichkeit, die beiden Konsonanten voneinander zu unterscheiden. Doch während hierzulande die Differenzierungsfähigkeit trainiert wird, weil die Unterscheidung der beiden Laute in unseren Sprachen eine wichtige Rolle spielt, verkümmert sie in Japan oder China, weil es sie dort gar nicht gibt.

Mit Beginn der Pubertät ist die Architektur unseres Gehirns weitgehend abgeschlossen. Sein letzter größerer Umbau findet jetzt nur noch im Frontalhirn statt, wenn es zum Beispiel um die Fähigkeiten zum Vorausdenken und zum Perspektivwechsel geht. Die Struktur unseres Wissensspeichers ist fest. Von nun an ist es sehr schwierig oder nahezu unmöglich, etwas ganz Neues zu lernen, was bis dahin noch keine Rolle gespielt hat. Anstrengungsloses Lernen, wie etwa der Erwerb mehrerer Sprachen, ist nur in der frühen Kindheit möglich, später nicht mehr, da alle Lernprozesse dann nur noch in den bereits festgelegten Hirnstrukturen ablaufen. Das Gleiche gilt für unsere motorische Kompetenz, also die zahlreichen Bewegungsmuster, die wir im Alltag abrufen. Auch das gesamte Repertoire des Psychischen ist von diesem Prinzip betroffen, also unsere Wahrnehmungen, Gefühle und Erinnerungen. Nach der Pubertät können wir unsere Umwelt nie wieder so frei und unbedarft interpretieren oder rekonstruieren wie davor. Was wir nach der Pubertät wahrnehmen, lernen oder urteilen, geschieht immer vor dem Hintergrund einer bereits abgeschlossenen Hirnstruktur.

Das Prinzip der festgelegten Hirnstruktur ist durchaus sinnvoll, weil auf diese Weise Menschen mit einem ähnlichen sozialen Kontext eine ähnliche Prägung ihres Gehirns erhalten und somit vieles ähnlich wahrnehmen und bewerten. Und hier sind wir schon bei den Vorurteilen. Menschen im selben sozialen Kontext machen ähnliche Erfahrungen und teilen die

Welt somit sehr ähnlich ein in Bekanntes und Unbekanntes. Bekanntes schafft Vertrauen, Unbekanntes versetzt uns erst einmal in Wachsamkeit und Alarmbereitschaft. Und damit sind wir bei den Vorurteilen: Sie dienen als sozialer Klebstoff zwischen den Menschen und ermöglichen es überhaupt erst, dass wir eine soziale Gemeinschaft eingehen können und nicht als ein Haufen von Individualisten nebeneinanderher leben, die sich vor jedem Werturteil und jeder Entscheidung erst gegenseitig überzeugen müssen. Das schafft eine geistige Verbindung zur Familie und den Nachbarn, mit denen man zusammen aufgewachsen ist. Unsere Gehirnstruktur ist also ein Abbild jener Gesellschaft, in die wir hineinwachsen und die uns gleichzeitig für ein Leben in unserem sozialen Umfeld tauglich macht. Dies gilt insbesondere für die Entwicklung unserer Wertesysteme und für unsere religiöse Einbettung.

Dahinter verbirgt sich die Tatsache, dass kein einzelnes »gottgegebenes« Wertesystem existiert, sondern dass wir vielmehr im Laufe der biologischen und der jeweiligen geschäftlichen Evolution aus sinnvollen Gründen Regeln des Zusammenlebens entwickelt und in der Struktur unseres Gehirns verankert haben. »Wir haben diese Regeln so sehr verinnerlicht, dass sie sogar Teil der physischen Architektur unseres Gehirns geworden sind«, erklärt der Neuroethiker James Giordano im persönlichen Gespräch. »Wenn jemand etwas Unmoralisches macht, empfinden wir das als falsch, ohne groß darüber nachzudenken. Menschen haben keine ausgeprägten Talente, wir können weder besonders schnell laufen noch besonders geschickt klettern, noch können wir fliegen oder sind besonders stark. Also müssen wir zusammenhalten, um uns gegen Leoparden, Schlangen, Affen, Bären oder andere Widrigkeiten zur Wehr zu setzen. Kreativ zusammenarbeiten, das ist unsere Natur. Dazu gehört auch, dass wir im Sinne der Gemeinschaft agieren und nicht bloß auf unseren einzelnen Vorteil bedacht sind.« Eine Ethik setzt sich demnach aus Vorurteilen zusammen, und das hat sich als sinnvolles Regelwerk für das Leben in der Gemeinschaft erwiesen.

Die ethischen Werte, die eine Gesellschaft teilt, wenn sie über die Grundwerte – also jene anthropologischen Konstanten, die für alle Menschen gelten – hinausreichen, sind somit die kulturellen Spezifika. Es sind religiöse und gesellschaftliche Werte, über die wir nicht mehr nachdenken und die sich typischerweise in Vorurteilen gegenüber Vertretern anderer Kulturen manifestieren.

Vorurteile sind verkörperte Lebenserfahrung

Vorurteile haben also damit etwas zu tun, wie unser Gehirn im ersten Lebensjahrzehnt geprägt worden ist. Die Prägungen beruhen auf Lebenserfahrung, die man entweder selbst gemacht hat oder von anderen vermittelt bekam. Innerhalb des immer noch gleichen sozialen Kontextes ist somit die Erwartung berechtigt, dass die Vorurteile auch für die Zukunft stimmen mögen.

Wenn wir zum Beispiel über andere Menschen, die bestimmte äußere Merkmale besitzen, das Vorurteil haben, dass von ihnen Gefahr droht, dann ist offenbar der Vorteil, gewarnt zu sein und ihnen nicht direkt zu vertrauen, größer als der Schaden, der dadurch entsteht, die fremd aussehende Person falsch einzuschätzen. Dies haben Daniel Kahneman und Amos Tversky in ihrem Buch über Entscheidungen, Werte und Bezugsrahmen wie folgt auf den Punkt gebracht: »Die Wertefunktion für Verluste ist steiler als die Wertefunktion für Gewinne.«[8] Wenn man mit einem schnellen Urteil in seiner Einschätzung richtig liegt, gewinnt man mehr, als wenn man zögert und dann Ressourcen wie Geld, Zeit, Energie aufwenden muss, um ein falsches Urteil zu korrigieren.

Es geht um Entscheidungen, bei denen die hundertprozentige Richtigkeit der Schnelligkeit untergeordnet wird. In einer Gefahrensituation ist es besser, auf ein möglicherweise nicht immer zutreffendes Vorurteil zu vertrauen, als sich der Situation völlig hilflos ausgesetzt zu sehen. Ein Vorurteil bietet hier den Geschwindigkeitsvorteil, und Schnelligkeit wird im evolutionären Prozess belohnt, wenn es gilt, einen anderen zu übertrumpfen. Es scheint besser zu sein, in Gefahrensituationen aufgrund der verkörperten Lebenserfahrungen schnell zu entscheiden, statt für langes Nachdenken Zeit zu verbrauchen, bis es zum Handeln womöglich zu spät geworden ist. Die Struktur unseres Gehirns erlaubt es uns, etwas Neues sofort einzuordnen und schnell zu reagieren, ohne dass wir das Wahrgenommene zuvor umfassend analysieren müssen. Dieses schnelle Urteil reicht zwar nicht an die Richtigkeit eines differenziert gebildeten Urteils heran, ist aber zumeist zutreffender als eine rein zufällige Meinung, denn es steckt ja zumindest die Lebenserfahrung der Gemeinschaft dahinter.

Doch so hilfreich die Vorurteile auch sein mögen, so viel Sprengkraft haben sie auch. Denn sie prägen die Erwartungshaltung und machen blind für Unerwartetes. Dies zeigt der legendäre Versuch vom Gorilla und den Basketballspielern aus dem Jahr 1999. Die US-amerikanischen Psychologen Daniel Simons und Christopher Chabris spielten den Probanden einen Film vor, auf dem zwei Teams mit einem Basketball spielten. Die Probanden sollten zählen, wie oft die Mannschaft mit den weißen T-Shirts den Ball fing. Das war für keinen der Probanden schwierig. Was allerdings knapp die Hälfte von ihnen nicht bemerkte: Während des Spiels trottete ein als Gorilla verkleideter Mensch durch die Spieler, drehte sich inmitten der Spielfläche zur Kamera, richtete sich auf, trommelte mit den Fäusten auf seine Brust und spazierte dann langsam wieder aus dem Bild hinaus. Die Probanden waren so vertieft, die Übersicht über die Passwürfe zu behalten, dass sie den Gorilla überhaupt nicht wahrnahmen. Nachdem sie allerdings darauf aufmerksam gemacht worden waren, konnten sie sich nicht vorstellen, wie sie zuvor den Gorilla haben übersehen können.

Wie kann das sein? Viele stellen sich die Arbeit des Gehirns so vor, dass es die Welt ablichtet, wie es eine Kamera tut, und bestenfalls ein paar überflüssige Informationen ausfiltert. So ist es aber ganz und gar nicht, denn das Gehirn hat eine gestaltende Kraft. Das Bild, das wir uns von der Realität konstruieren, hängt davon ab, was für uns gerade wichtig ist: Wenn wir auf Ballwürfe achten wollen, dann entgeht uns eben der Gorilla. Würden wir den Film mit der Erwartung anschauen, den Gorilla zu finden, hätten wir ihn unmöglich übersehen können, stattdessen aber höchstwahrscheinlich die Übersicht über die Ballwürfe verloren.

Wir konstruieren unser Gegenüber

Nun ist es so, dass wir nicht nur ein Bild unserer Umwelt konstruieren, sondern unsere gesamte Realität, und das Gleiche tut unser Gegenüber, das sich auch Vorurteile bildet. Jeder nimmt vom anderen nur Teilaspekte wahr, den Rest denken wir uns dazu. Stellen Sie sich selbst doch einmal als Nabe eines Rades vor. Die einzelnen Speichen repräsentieren unterschiedliche Lebensbereiche, Tätigkeiten, Denkhorizonte oder Beziehungen zu anderen Menschen. Wann ist das Rad stabil? Wenn genügend Speichen vorhanden, diese einigermaßen gleichmäßig verteilt und sie fest in der Nabe verankert sind. Im übertragenen Sinne muss auch das eigene Ich fest mit seinen verschiedenen Lebensbereichen verankert sein, damit sich eine insgesamt stabile Konstruktion ergibt. Wenn ich mich nur auf eine Tätigkeit oder eine bestimmte Gruppe von Menschen konzentriere und alles andere ausblende, ist das Rad des Selbst nicht ausgewogen.

Die anderen Menschen stellen ebenfalls verbildlichte Räder dar, ein jeder als Nabe im Zentrum seiner Welt und mit Speichen, welche die verschiedenen Lebensbereiche versinnbildlichen. Kommen die Räder miteinander in Verbindung, dann berühren sich nicht alle Speichen von zwei Rädern, sondern natürlich immer nur die einander zugewandten. Die komplementären Speichen berühren sich nicht. Übertragen bedeutet dies: Wenn zwei Menschen bestimmte Lebensbereiche miteinander teilen, vielleicht Kultur und Sport, so heißt das nicht, dass sie auch in Politik und Umweltschutz eine Verbindung miteinander haben müssen. Über diese komplementären Speichen können wir lediglich Vermutungen anstellen, Vorurteile eben.

Der Psychologe Kurt Danziger hat dieses Thema in seinem Buch *Constructing the Subject*[9] sehr anschaulich ausgeführt. Das *subject* kann das einzelne Gegenüber sein, aber auch eine Versuchsperson in einem wissenschaftlichen Experiment. Alle modernen Forschungen werden immer mit klinischen Experimenten und Tests gemacht, wogegen nichts einzuwenden ist. Früher, bis noch vor einigen Jahrzehnten, hat man dafür viele Einzelfallbeispiele verwendet. Hierzu wird eine Person von vielen Seiten beleuchtet, sodass möglichst viele »Speichen« ihres Selbst gesehen werden und das zu Beobachtende dann entsprechend eingeordnet wird. Auf diese Weise sehen wir einzelne Menschen und schließen von dem Einzelnen – im Rahmen des Gesamtkontextes – auf das Allgemeine. Mit der Einführung von Statistiken und Gruppenstudien ist die Einzelfallstudie in den Hintergrund getreten. Im Glauben an Gruppenstatistiken und Signifikanzniveaus denken wir, die gesamte Psyche erfassen zu können, ohne den Unterschied zwischen Gruppenstatistik und individueller Person zu berücksichtigen. Wir haben keinen statistischen Sinn, wie es der Psychologe Gerd Gigerenzer betont.[10] Vielmehr meinen wir, wenn wir etwas an einer großen Gruppe beobachten, dass dies generell gültig sei.

Leicht begehen wir den Fehler, die statistisch erhobenen Unterschiede etwa zwischen Mann und Frau auf einzelne reale Personen anzuwenden. »Wenn statistisch gesehen Männer ein besseres abstraktes Vorstellungsvermögen haben als Frauen, so bin ich als Frau dennoch besser als 99,9 Prozent aller Männer«, meinte einmal Frau Professor Jerre Levy von der University of Chicago. Sie hat im Wesentlichen die Experimente mit Split-Brain-Patienten gemacht, für die dann allerdings Roger Sperry den Nobelpreis bekam.

Wenn wir eine große Anzahl von Menschen untersuchen, zeigen sich zwischen ihnen immer statistisch relevante Unterschiede. Und nun fangen wir an, in Gruppenkategorien zu denken, und sehen den Einzelnen nicht mehr – ein Verbrechen der Wissenschaft. Darüber hinaus fangen wir an, uns selbst mit einer der Gruppen zu identifizieren. Es findet also eine rückwirkende Anpassung statt. Die Methoden der Wissenschaft sind zu einer Vorurteilsbildungsmaschinerie geworden. Und so werden wir nicht umhinkommen, den Umgang mit Vorurteilen zu erlernen, sowohl mit unseren eigenen als auch mit denen der anderen.

Diversität als Chance neuer Kreativität

Vorurteile gibt es überall. Das ist gerade heute ein Dilemma, da wir weltweit mit verschiedenen Kulturen und Wertesystemen zusammenkommen, sei es durch moderne Kommunikationsmittel in der globalisierten Welt, durch Migration, sei es durch Forschung, Politik und Wirtschaft. Einerseits verhelfen uns die Vorurteile zu einer schnellen Meinungsbildung, und sie stabilisieren unsere Gesellschaft. Andererseits grenzen sie andere Menschen aus, verstellen den Blick für das Besondere und den Einzelnen.

Eine Umgangsform mit den Vorurteilen beginnt damit, zunächst einmal unsere eigenen anzuerkennen und ihr Vorhandensein nicht zu negieren. In gleicher Weise gilt es, sich über die Vorurteile der anderen uns gegenüber klarzuwerden und sie zu akzeptieren.

Wenn uns bewusst ist, dass wir genauso wie die anderen Vorurteile haben, können wir uns auf Augenhöhe begegnen. Dieses Wissen um unser Geprägtsein gilt natürlich in besonderem Maße für die interkulturelle Kommunikation und sich daraus ableitende pädagogische Maßnahmen, denn Menschen unterschiedlicher Kulturen sind nicht unterschiedlich veranlagt, sondern unterschiedlich geprägt. Trotz aller anthropologischer Universalien existieren eben kulturelle Spezifika, und die drücken sich üblicherweise in unseren Vorurteilen aus. Wenn uns das bewusst ist, können wir besser miteinander auskommen, ohne andere zu bevormunden oder gar zurechtzuweisen.

Deshalb funktioniert das Konzept der Integration von Asylsuchenden eher schlecht, da es auf die Unterdrückung oder gar Vernichtung der Identität des anderen hinausläuft. Der andere sollte sich also besser gar nicht komplett in unsere Kultur einordnen und integrieren müssen, weil seine Hirnstruktur, seine originäre Prägung, nicht revidiert werden kann und wir von Menschen anderer Kulturen, die bei uns Asyl beantragen, folglich nicht erwarten dürfen, dass sie überhaupt in der Lage sind, ihre implementierten Wertesysteme über Bord zu werfen. Was Menschen anderer Kulturkreise, die bei uns leben, allerdings durchaus lernen können, ist, unsere Regeln zu beachten, und das dürfen wir von ihnen auch erwarten. Ein faires Konzept besteht also im gleichzeitigen Existieren unterschiedlicher Teilkulturen auf der Basis gemeinsamer Regeln und Gesetze, ähnlich wie es etwa in den USA gelebt wird.

Das bedeutet also keineswegs Resignation für uns, sondern die Basis neuer Kreativität. Eine Voraussetzung von Kreativität ist nämlich eine gewisse Diversität, aus der sich Neues bilden kann. Schauen wir uns doch einmal die Evolution des Lebens an, des kreativsten Prozesses, der sich je auf der Erde entfaltet hat. Die wichtigsten Prinzipien der Evolution sind Mutation, Variabilität der Merkmale und Selektion. Der zweite Punkt ist besonders wichtig, nämlich die Variabilität: Wenn vieles Verschiedenes zusammenkommt, sei es durch Zufall oder gezielt, dann kann dabei leichter etwas Neues entstehen, das sich schließlich im Selektionsprozess durchsetzt. Auch in unserer Gesellschaft ist es deshalb nicht von Nachteil, Verschiedenes aufeinandertreffen und konkurrieren zu lassen. Zusammen mit einer Offenheit für das andere wird neue Kreativität ermöglicht, auch in den etwas eingeschlafenen Gesellschaften Europas

Die Diversität, die Unterschiedlichkeit, die in unsere Gesellschaft derzeit Einzug hält, ist somit eine Chance für eine neue Kreativität. Hoffentlich erkennen wir diese Chance. Momentan scheint es eher so zu sein, dass wir Mauern um unser Land und um unseren Geist bauen und uns von den Impulsen abschotten, die neue frische Ideen bringen könnten. Dieser erste Schritt führt uns an den Untergang heran und nicht die Aufnahme von Asylsuchenden.

Fazit

Die Welt um uns und auch die Welt in uns verändert sich meist nicht abrupt, sondern eher langsam und stetig. An deren Kontinuität und Homogenität hat sich das Gehirn in der Evolution angepasst. (Hier spielen wir auf das »Drei-Sekunden-Fenster« an, mehr dazu finden Sie im Kapitel 6 »Traut euch, im Jetzt zu leben«.) Wenn wir uns ein bestimmtes Bild von der Welt und ihren Bewohnern machen, dann erleichtert uns dies das Leben enorm.

Die Reduktion der Komplexität sowohl der physischen wie auch der sozialen Welt drückt sich in unseren Vorurteilen aus. Dies ist von Vorteil, wenn es im Alltag zählt, schnell zu Aussagen und Bewertungen zu kommen und dann möglichst zügig zu agieren.

Doch der Vorurteilsmechanismus unseres Gehirns für uns heutige Menschen ist auf stabilere Umstände der Umwelt angelegt. Überraschungen, die bestehende Erkenntnisse auf den Kopf stellen, mag das Gehirn nicht gern. Es ist in seiner weiteren Bewertung und Verarbeitung von Informationen leicht überfordert, wenn Unerwartetes eintritt oder wenn ein Urteil in einem noch nicht etablierten Rahmen zu fällen ist. Die Inhalte dieser Rahmen werden sowohl durch biologische Bedürfnisse als auch durch individuelle Erfahrungen beeinflusst, wobei Bewertungen, die auf Erfahrungen beruhen, uns zumeist gar nicht bewusst werden, im Gegenteil: Der Großteil des psychischen Geschehens ist impliziter Natur, nur ein kleiner Teil dringt überhaupt in unser Bewusstsein.

Umso wichtiger ist es deshalb, unsere Vorurteile regelmäßig in mittel- und längerfristigen Zeitintervallen anhand der Wirklichkeit zu überprüfen, sie zu hinterfragen, zu überarbeiten und anzupassen und sie gegebenenfalls sogar völlig über Bord zu werfen. Dies gilt umso mehr für jene Vorurteile, die uns nur von anderen, insbesondere in der Zeit unserer Kindheit, vermittelt worden sind und die nicht auf unseren eigenen Erfahrungen beruhen, die also Lebenserfahrungen und Lebenserklärungen früherer Generationen darstellen.

Gut zu denken bedeutet somit einerseits, den unbewussten Vorurteilen zu vertrauen – denn diese sind Ausdruck unserer Sozialisation, geben uns innere Stabilität und sorgen dafür, dass wir gegebenenfalls schnell handeln können –, andererseits sich aber sowohl darüber im Klaren zu sein, dass es sich um Pauschalisierungen handelt, die im Einzelfall vollständig falsch sein können, als auch sich ihrer bewusst zu werden und sie regelmäßig auf den Prüfstand zu stellen.

3 Traut euch, nicht immer nur einen Grund zu vermuten

Als Leni das letzte Mal auf die Uhr geschaut hatte, war es neun Uhr morgens. Eigentlich wäre es schon längst Zeit gewesen, aufzustehen und sich an den Schreibtisch zu setzen. Aber wo sollte die Kraft herkommen, um überhaupt nur die Bettdecke zurückzuschlagen? »Meinen Grafikentwurf schaffe ich sowieso nicht«, dachte sie und blieb bewegungslos liegen. Ihre Gedanken kreisten umher. »Die anderen sind sowieso besser. Gestern habe ich auch nichts geschafft.« Jede einzelne Aufgabe, die ihr einfiel, türmte sich haushoch vor ihr auf, und sie sah sich klein und kraftlos davor sitzend mit dem Gefühl, dass das alles nicht zu bewältigen sei.

Sekunden später war es bereits zehn Uhr. Das Telefon klingelte, und sie musste dringend auf die Toilette. Mühsam kämpfte sie sich hoch, schleppte sich ins Bad und anschließend an den Küchentisch. »Wie soll ich es nur hinkriegen?«, fragte sich die Freiberuflerin frustriert, als ihr Blick in die Zeitung von gestern fiel. »Misshandlungen von Flüchtlingen auf der Balkanroute«, »Neue Bombardierungen in Syrien«, »Selbstmordattentat in Ankara«, »Drohende Umweltkatastrophe durch Fracking«, so die Schlagzeilen. »Es geht alles den

Bach runter, die Welt steht vor dem Abgrund … und ich auch«, dachte sie und begann, Löcher in die Luft zu stieren, während ihr dieses permanente Gefühl der schmerzhaften Leere bewusst wurde. »Ich kann im Prinzip überhaupt nichts, es ergibt alles keinen Sinn, und die Menschheit ist egoistisch und schlecht.« Mit solchen Gedanken hielt sie sich die nächsten ein bis zwei Stunden auf.

Als der Postbote klingelte, war das wie eine Erlösung. Er hielt ihr ein Einschreiben unter die Nase und machte ein paar nette Bemerkungen über das Wetter. »Wie sehe ich denn nur aus?«, dachte sich Leni mit einem Mal entsetzt, sprang unter die Dusche und begab sich dann endlich an ihren Schreibtisch. Für dieses Mal hatte sie gerade noch einmal die Kurve gekriegt. Aber so kann das nicht weitergehen. Sie besorgte sich einen Sprechstundentermin bei ihrem Hausarzt.

»Mir wächst alles über den Kopf. Eigentlich geht es mir ja gar nicht schlecht, aber ich verplempere so viele Stunden pro Tag damit, einfach nur tatenlos rumzusitzen. Können Sie mir etwas verschreiben?«, fragte sie ihn.

»Ich kann Ihnen zur kurzfristigen Stimmungsaufhellung ein Benzodiazepin geben, gleichzeitig nehmen Sie dieses moderne Antidepressivum, erst in einer niedrigen Dosis, die Sie langsam steigern. In zwei Wochen reduzieren Sie das Benzodiazepin«, meinte der Arzt. »Aber abgesehen davon brauchen Sie dringend eine Psychotherapie.«

»Warum denn das? Wirken die Tabletten nicht?«

»Doch, davon gehe ich mal aus. Aber Sie sollten die Ursachen Ihrer Depression angehen.«

»Meine Mutter hatte auch schon diese Durchhänger. Wahrscheinlich habe ich es von ihr geerbt. Das würde doch alles erklären.«

Leni war zunächst überhaupt nicht dafür offen, sich mit den möglichen anderen Ursachen ihrer Depression zu befassen. Mit der Einstellung ist sie nicht allein. Es ist ein menschliches Bedürfnis, hinter einem Ereignis oder Phänomen nur eine einzige Ursache zu vermuten. Wir sind unruhig, solange wir etwas nicht eindeutig erklären können, und erst dann zufrieden, wenn wir den Grund gefunden haben. Und dies beinhaltet zwei Aspekte – einmal die Sehnsucht nach dem Warum (es muss immer alles begründet werden) und dann die Vorstellung, dass tatsächlich immer nur eine einzige Ursache hinter einem Phänomen steckt, sozusagen »des Pudels Kern«, auf den alles zurückzuführen ist. Erst wenn wir diesen gefunden haben, ist das Sehnsuchtsgefühl nach dem »Warum« befriedigt, denn das entspringt der Notwendigkeit, uns in einer komplexen Welt zurechtzufinden. Es ist offenbar eine uns mitgegebene Triebfeder, Dingen auf den Grund zu gehen, neugierig zu sein und etwas verstehen zu wollen. Wenn wir keine Ursache und keine Erklärung für etwas haben, können wir etwas nicht vorhersehen. Damit wird die Welt für uns gefährlich. Sobald wir aber eine bestimmte Ursache für etwas ausfindig gemacht haben, können wir auf Basis dieser Annahme planen oder auch die Ursache bekämpfen, sodass die Folge ausbleibt. Bereits Archimedes hat dieses Prinzip in seinen Hebelgesetzen ausgedrückt: »Gib mir einen festen Punkt im Weltall und einen Hebel, der lang genug ist, und ich werde die

Welt aus den Angeln heben.« Um in der Physik beziehungsweise auch im übertragenen Sinne etwas zu verändern, braucht man einen Punkt, an dem man ansetzen kann. Und es ist ein einziger Punkt, an dem Archimedes ansetzen will, und es ist eine einzige Ursache, die Leni gelten lassen möchte.

Aufgrund unserer ökonomisch orientierten Denkweise, die ein Erbe der Evolution ist, streben wir nach monokausalen Lösungen. Deswegen machen Naturwissenschaftler Experimente, um eine Arbeitshypothese zu bestätigen oder zu widerlegen, und veranschaulichen danach oft anhand statistischer Verfahren, welche Ursache hinter einem beobachteten Phänomen stecken könnte. Sie befinden sich auf der Jagd nach den Komponenten im Ursachengewirr. Und wenn sie einzelne Faktoren aus den Datenmengen herausgefiltert haben, erhoffen sie, damit ein Ursache-Wirkungs-Prinzip entdeckt zu haben. Geisteswissenschaftler machen es ähnlich. Sie gehen zwar mit den hermeneutischen Verfahren zunächst anders vor, doch auch beim Verstehen eines germanistischen oder philosophischen Phänomens geht es um die Aufklärung von Ursachen. Das nennt man dann »Interpretation«. Es gibt dazu verschiedene Möglichkeiten wie die werkimmanente, kulturhistorische oder biografische Interpretation, doch letzten Endes geht es um die Suche nach dem verbindlich »Richtigen«.

Diese Denkweise hat uns bislang weit gebracht. Was sagt denn die Medizin zur Ursache einer Depression? Stress, Krisen und Krankheiten können dahinterstehen, medizinische und genetische Einflüsse treten mit psychischen und psychosozialen Auslösern in eine komplexe Wechselwirkung, sie verstärken und hemmen sich gegenseitig. Deswegen kann man zum Beispiel nicht sagen, dass in den Genen die alleinige Ursache einer Veranlagung für eine Krankheit liegt, denn es kommt auf die individuellen Umstände an. Damit verändern sich die Stoffwechselwege im Gehirn und passen sich an. Ein Ausfall an Funktionen kann durch andere Funktionen kompensiert werden, was nicht vorhersehbar ist. Zudem gibt es noch die Epigenetik: Durch die Anpassung an die Umwelt entscheidet sich, welche Gene aktiviert werden.

Übertragen auf unser Eingangsbeispiel: Wenn Lenis Mutter also schon an einer Depression litt, die Tante und der Bruder womöglich auch, dann ist eine genetische Veranlagung zu überlegen. Aber diese Überzeugung verstellt den Blick für mögliche andere Gründe. Zum Beispiel, dass sich Leni in einer Schaffenskrise befindet. Seit Monaten schon fällt es ihr schwer, auch nur eine spritzige originelle Skizze aufs Papier zu bringen. Oder auch das Problem, dass sie sich Kinder wünscht, aber keinen Partner dazu hat. Oder dass sie jeden Abend ein bisschen zu gern an ihrem Rotwein nippt und das Glück aus der Flasche anstatt mit anderen Menschen sucht. Und nehmen wir an, es braucht drei oder mehr Ursachen, damit eine Depression zustande kommt, und wenn jeder dieser Gründe nur einen minimalen Einfluss hätte, so könnte es unter bestimmten Umständen doch zu gravierenden Folgen kommen. Dies zeigt das berühmte Dreikörperproblem.

Drei Körper und ein Schmetterling

Die Frage ist einfach: Wie bewegen sich drei Himmelskörper unter ihrer gegenseitigen gravitativen Anziehungskraft? Mit der Antwort haben sich seit der Entdeckung der Himmelsmechanik viele bekannte Mathematiker beschäftigt. Wir kennen zwar Position und Geschwindigkeit der Objekte zu jedem bestimmten Zeitpunkt, wonach wir gemäß den Newton'schen Gesetzen vorherberechnen können, wo sich die drei Körper zu einem beliebigen späteren Zeitpunkt befinden werden. Würden wir die Körper bis ins letzte Molekül präzise kennen, wäre das Problem lösbar. Nicht so aber in der Realität. Hier können sich kleine Abweichungen in den Startpositionen und Startgeschwindigkeiten im Folgenden so auswirken, dass die Bahnen der Himmelskörper entweder auf Dauer stabil oder plötzlich scheinbar unberechenbar und instabil verlaufen. Zwar zeigt sich, dass die weitaus meisten Bahnen stabil sind, aber stabile und instabile Bahnen liegen dicht beieinander, und man kann in der Realität vorab nicht wissen, ob sich das System in der Zukunft vorhersehbar verhält oder nicht.

Leben wir also in einer chaotischen Welt? Ist vielleicht gar nichts mehr vorhersehbar, wie es der US-amerikanische Mathematiker und Meteorologe Edward Lorenz im Jahr 1961 vermuten ließ? Er hatte Wetterdaten in einen Computer eingegeben und ihn eine Wetterprognose errechnen lassen. Um das Ergebnis zu überprüfen – ein Riesencomputer von damals hatte den Bruchteil der Rechenleistung eines Smartphones von heute –, rundete Lorenz im zweiten Durchgang die Daten von sechs auf drei Kommastellen ab. Diese minimalen Veränderungen fallen nicht ins Gewicht, mag er sich gedacht haben. Doch welche Überraschung: Im zweiten Durchlauf erstellte der Computer ein völlig anderes Wetterszenario. Lorenz war beeindruckt und meinte, dass dann möglicherweise auch der Flügelschlag eines Schmetterlings in Brasilien einen Wirbelsturm in Texas auslösen könne. Denn ein kleiner Lufthauch könne sich im besonderen Fall mit anderen kleinsten Einflüssen verbinden, es kommen kleinere und größere Wetterlagen hinzu sowie Kalt- und Warmluftfronten, Warmluftsäulen und Kondensationen. Lorenz fand ein relativ einfaches System mathematischer Gleichungen mit nur drei Variablen, bei dem sich ein chaotisches und im Prinzip unvorhersehbares Szenario ergibt.

Musterkennung in der Medizin

Wenn drei Variablen ausreichen, um ein chaotisches Verhalten zu erzeugen, um wie viel wahrscheinlicher ist es dann, dass beispielsweise eine Erkrankung ebenfalls einen nichtvorhersehbaren Verlauf nimmt! Nehmen wir an, es gibt hundert Variablen, die die Entstehung oder den Verlauf einer Depression beeinflussen – die genaue Entstehungsgeschichte ist nämlich nicht geklärt –, und nehmen wir an, es müssten drei davon zusammenkommen, damit die Krankheit ausbricht, so ergeben sich zehn hoch dreißig mögliche Kombinationen von Variablen. Das sind sehr viel mehr, als es überhaupt Menschen auf der Erde gibt, und bedeutend mehr Freiheitsgrade, als die drei umeinander kreisenden Himmelskörper besitzen.

Wie kann man sich nun aus dem Dilemma befreien, einerseits den Patienten in seiner Individualität zu betrachten, zum anderen aber Klassifikationen zu finden, welche die Therapie ermöglichen? Letzteres ist ja trotz allem nicht von der Hand zu weisen. Trotz aller Einzigartigkeit jedes Einzelnen besteht eine gewisse Ähnlichkeit oder Übereinstimmung von Krankheitsmerkmalen oder Wesenszügen. Ohne die Tatsache wäre eine Standardisierung in der medizinischen Behandlung ja gar nicht möglich.

Hier beginnt seit einigen Jahren ein neues Denken in der Medizin. Was wäre, wenn Krankheiten nicht mehr als eine definierte Liste von Anzeichen und Ursachen angesehen werden? Sondern wenn selbst weit verbreitete Krankheiten in Zukunft differenziert betrachtet würden, sodass verschiedene Unterformen entstehen, die der Individualität des Erkrankten Rechnung tragen? Jede Unterform einer großen Krankheit stellt dann für sich genommen eine seltene Erkrankung dar, die jeweils ein komplexes biologisches System widerspiegelt. Bei Brustkrebs wird dies bereits so gemacht. Statt Volkskrankheiten wird es in Zukunft Häufungen von Symptomen geben, die stets gesondert behandelt werden. Als »personalisierte Medizin« wird dieser differenzierte Blick auf die Volkskrankheiten bezeichnet.

Dem wurde bislang wenig Rechnung getragen. Menschen mit den vermeintlich gleichen Krankheiten erhielten die gleiche »One-fits-all«-Pille: »Eine passt für alle.« Auf diese Weise erhielten aber zum Beispiel nur 20 bis 60 Prozent von Lungenkrebspatienten eine erfolgreiche Behandlung, war im Jahr 2001 im US-Journal *Medscape Pharmacotherapy* zu lesen. Bei den anderen sind entweder die Nebenwirkungen so ausgeprägt, dass die Therapie abgebrochen werden muss, oder das Medikament schlägt überhaupt nicht richtig an. Kein Wunder, wie wir jetzt wissen: Jeder Patient repräsentiert eine individuelle Ausprägung hinsichtlich seiner Erkrankung und auch hinsichtlich seiner Persönlichkeit. Der Patient ist also ein Individuum, und es ist die Aufgabe der Medizin, sich darauf einzustellen.

All dies lässt sich mit dem menschlichen Verstand nicht mehr überblicken. Zu komplex. Wir können bestenfalls auf die Intuition des Arztes zurückgreifen, mit der er aus seiner Erfahrung heraus Symptome richtig zuordnet. Doch nun bahnt sich eine ganz neue Art an, Medizin zu betreiben, nämlich über Mustererkennung mithilfe von Mathematik und Informatik.

Wir können Erkrankungen in Zukunft besser therapieren, wenn wir uns auf Kombinationen von verschiedenen Symptomen aller Art konzentrieren und dann mit mustererkennender Computersoftware Zusammenhänge mit bereits etablierten Therapien finden. Die Zielrichtung geht weg von großen Überbegriffen wie »Rheuma«, »Depression« oder »Krebs«. Die komplexen Volkskrankheiten werden zunehmend als Summe von seltenen Erkrankungen verstanden, von denen jede ein komplexes biologisches System widerspiegelt. Statt Volkskrankheiten könnte es in Zukunft Häufungen von Symptomen geben, die jeweils gesondert behandelt werden. Dies ist ein großer Schritt weg vom monokausalen Denken.

Fazit

Fast alles, was uns im Privaten und Beruflichen als Problem entgegentritt, ist durch viele Faktoren bestimmt. Nur weil unser Gehirn es gern einfach hätte, darf die Interdependenz von Wirkungen nicht übersehen werden. Zudem engt die Suche nach nur einem Faktor, der alles bestimmen soll, von vornherein auch das kreative Denken ein.

Zu kompliziert dürfen unsere Erklärungen aber auch nicht sein. Das wusste schon der Philosoph Wilhelm von Ockham, der gesagt hat: »Entia praeter necessitatem non sunt multiplicanda.« – »Man soll Sachverhalte nicht über das Notwendige hinaus zu erklären suchen.« Das Einfachste also gilt, meinte er. Diese Regel ist auch als das »Ockham'sche Rasiermesser« bekannt.

Was machen wir nun? Muster zu suchen, statt den Punkt des Archimedes zu finden? Dies soll der Ausweg sein? Das ist für unser Gehirn nicht befriedigend. Es stellt sich ein Gefühl der Unsicherheit ein, sodass wir in der absurden Situation leben: Wir wissen, dass Dinge viele Ursachen haben, aber jeder meint, man könne es auf eine Ursache zurückführen, nur dann ist man befriedigt und empfindet das Gefühl der Sicherheit.

Menschen sind an dieser Stelle also sehr einfach gestrickt, sie befinden sich in der Falle ihres evolutionären Erbes. Aber allein dies über uns zu wissen ist schon hilfreich. Nur mit dem Wissen über uns selbst, mit kritischer Selbsterkenntnis und der Akzeptanz der anderen, kommen wir aus der monokausalen Falle heraus. Mehrere Einflüsse anzuerkennen hat Bescheidenheit hinsichtlich der Einflussmöglichkeiten des Einzelnen zur Folge.

4 Traut euch, den Zufall auszubeuten

Neulich im Wohnzimmer eines Pärchens, das sich die TV-Serie »Mad Men« anschaute, die eine heutige Reminiszenz an die sechziger Jahre ist. Es ging in der Episode um eine hübsche junge Frau, welche sich die Männer einfach nahm, die ihr gefielen. Die Szene wirkte erotisch. Die Frau hieß Joy. Zwischen dem heutigen Pärchen entspannte sich folgender Dialog.

»Das ist doch eine Anspielung auf dieses bekannte Buch von damals, *Joy of Sex*«, meinte sie und schaute ihren Partner fragend an.

»Ja, daran habe ich auch gerade gedacht«, bestätigte der. Beide freuten sich, dass sie im gleichen Moment das Gleiche gedacht hatten.

»Die Frau hatte dann Sex im Flugzeug«, meinte er.

»Genau, da bekam sie ihren ersten Orgasmus, mit einem fremden Mann. Das war freie Liebe, genau wie hier in der Serie.« Wieder waren beide sehr zufrieden über ihre Synchronizität.

»Das Buch hat ein Mann geschrieben«, meinte er.

»Quatsch, das war eine Frau«, so sie.

»Nein, der Autor ist Alex Comfort, es sollte wie eine Frau wirken, aber es war ein Mann«, wusste er.

»Ach so, ich dachte immer, es sei eine Frau gewesen«, so sie. Aber irgendetwas passte noch nicht. Beide grübelten.

»Es heißt ja *Angst vorm Fliegen*«, riefen sie zur gleichen Zeit aus. Das Buch, das sie beide meinten, war nicht *Joy of Sex*, sondern *Angst vorm Fliegen*. Beide hatten zunächst aufgrund des Namens die gleiche falsche Assoziation gehabt und dann beide gleichzeitig die richtige. Sie waren überwältigt. Die Serie lief schon längst ohne sie weiter.

»Diese Zufälle erleben wir ziemlich oft«, meinte sie.

»Häufiger als andere Menschen«, überlegte er. »Weißt du noch die Situation in Saint-Tropez? Als ich auf das rechte Heck des Autos starren musste, das am Straßenrand parkte? Ich konnte nicht weggucken, obwohl da gar nichts Besonderes zu sehen war.«

»Ja. Kurz darauf haben sich die Bremsen gelöst, dann ist es den Berg hinuntergerollt und mit genau der Stelle in die Mauer gekracht.«

»Fast unheimlich, die Vorahnung.«

»Und überhaupt, wie viele Zufälle ins Spiel kommen mussten, damit wir beide uns kennenlernen konnten, als ob es vorherbestimmt gewesen wäre«, sinnierte sie.

Was die beiden erleben, ist eine Zufallssensitivität. Ob jemand offen ist für Zufälle oder nicht, hängt tatsächlich von der Art und Weise ab, wie er oder sie die Welt betrachtet. Die einen gehen verschlossen und in sich gekehrt durch den Tag und sehen nichts. Die anderen sind aufgeschlossen, offen, beobachten – ihnen fallen Zusammenhänge auf. Besser gesagt, sie erschaffen die Zusammenhänge. Wenn das Auto an genau der betrachteten Stelle eingedrückt wird, ist das ja kein kausaler Zusammenhang, sondern nur eine beobachtete Koinzidenz, ein zufälliges Zusammentreffen von zwei Ereignissen, das dadurch eine Bedeutung erhält, weil es im Kopf eines Beobachters zusammengefügt wird.

Viele Ereignisse sind vereinzelt und laufen getrennt voneinander ab. Aber Menschen sind so gemacht, dass sie immer Zusammenhänge zwischen Phänomenen herstellen. Sie müssen einen Grund für das finden, was geschehen ist. Und da Gründe nicht immer leicht zu finden sind, verfallen sie gern in einen Aberglauben, um ihr Bedürfnis nach Kausalität zu befriedigen. Viele Ereignisse lassen sich nun einmal nicht voraussagen, und da wir ungern dem Schicksal oder dem Zufall ausgeliefert sind, suchen und erfinden wir Erklärungen.

Der Ramsey-Effekt

Weil britische Medien Zusammenhänge herstellten, kam auch der walisische Fußballnationalspieler Aaron Ramsey zu besonderem Ruhm, und zwar nicht wegen seiner Leistungen als Kicker. Denn es passierte mehrfach, dass kurz nach einem Tortreffer des Mittelfeldspielers eine berühmte Persönlichkeit starb. Als Erstes kam der Terrorist Osama bin Laden an die Reihe. Er wurde am 2. Mai 2011 getötet – einen Tag nach Ramseys Tor gegen Manchester United. Das nächste Opfer war der Apple-CEO Steve Jobs, der am 5. Oktober 2011 nach langem Kampf gegen seinen Pankreaskrebs starb; Ramsey hatte drei Tage zuvor ein Tor gegen Tottenham Hotspur erzielt. Als Libyens Staatschef Mohammed Gaddafi am 20. Oktober 2011 von Rebellen entführt und getötet wurde, erschien es nur zwangsläufig, dass Ramsey einen Tag zuvor gegen Marseille in der Champions League einen Treffer erzielt hatte. Und dann schließlich Whitney Houston: Am 11. Februar 2012 wurde sie tot in einem Badezimmer in Los Angeles aufgefunden. Ramseys Ausgleichstor gegen Sunderland A.F.C. war da erst ein paar Stunden alt. In dieser Fußballsaison 2011/12 hatte der Ramsey-Effekt seinen größten Wirkungsgrad. Später erlagen ihm dann noch die Schauspieler Paul Walker (2013) und Robin Williams (2014) sowie der Regisseur Sir Richard Attenborough (2014). Und als am 6. März 2016 Nancy Reagan starb, hatte da nicht Aaron Ramsey seine Finger, äh, Füße wieder im Spiel gehabt? Tatsächlich, am Tag zuvor hatte er für Arsenal FC ein Tor gegen Tottenham Hotspur geschossen. Vielleicht ist es nur eine Frage der Zeit, bis ein Geheimdienst diese Waffe für sich entdeckt und die Probleme der Welt auf ganz neue Art löst.

Wir sind also dazu in der Lage, Bezüge zwischen vereinzelten Informationen herzustellen. Warum machen wir das? Welche Bezüge sind es dann? Es gibt so unglaublich viele mögliche Dinge, die relevant sind, dass eine zielorientierte Suche nach den richtigen Bezügen – nach einer perfekten Ausbildung, einer zündenden Idee, einer großartigen Lösung – zum Scheitern verurteilt ist. Wir können unmöglich alles bedenken, denn wir haben weder alle Informationen über die Welt, noch kennen wir alle Zusammenhänge; und selbst wenn wir sie hätten, könnten wir sie nie zueinander in der richtigen Weise in Beziehung setzen. Die Antwort kann nur heißen: Seid offen für die glücklichen Fügungen des Zufalls. Denn planen lässt sich eine meisterhafte Karriere oder Erfindung sowieso nicht.

Die Begünstigung des vorbereiteten Geistes

Der glückliche Zufall ist aber keineswegs der blinde Zufall, der wahllos aufgreift, was sich vor ihm auf der Straße befindet. Der glückliche Zufall ist vielmehr etwas, was sich in einen bereits vorhandenen Rahmen einfügt. Damit wir aufgeschlossen sind für das, was um uns herum geschieht, um dann den Zufall kreativ zu nutzen, müssen wir ein strategisches Ziel vor Augen haben. Wenn dieses fehlt, folgt man zufälligen Ereignissen in einer ziellosen Weise. Wichtig für eine Entscheidung ist die Komplementarität des strategischen Ziels mit der Aufgeschlossenheit für das Zufällige. Den Zufall kreativ zu nutzen bei einem vorhandenen strategischen Ziel vor Augen – das ist das Erfolgsrezept überhaupt für viele Menschen, die etwas wirklich Wesentliches bewirkt oder erfunden haben. Louis Pasteur hat es einmal so ausgedrückt: »Der Zufall begünstigt nur den vorbereiteten Geist.«

Der Dichter Hans Magnus Enzensberger bereitet seinen Geist mit einem dünnen japanischen Heftchen vor, in das er handschriftlich erste Sätze oder neue Buchideen notiert. Die Ausarbeitung folgt später, manchmal viel später. Für sein Buch *Hammerstein oder der Eigensinn* hatte er einen Vorlauf von vierzig Jahren. Überhaupt arbeitet er immer an mehreren Büchern gleichzeitig. So kann er das feine Netz, mit dem er Zufälle einfängt, in verschiedene Bereiche auswerfen, und er ist gleichzeitig immer für Inspirationen für verschiedene Werke offen.

Mark Zuckerberg hatte die Idee, Freunde über das Internet miteinander zu verbinden, über »Facemash« erhalten, eine Website, die er aus einer Laune heraus programmierte und auf der Studenten die Kommilitonin mit dem besten Aussehen auswählen konnten. Anhand des Erfolgs erkannte er, dass hier ein Bedarf liegt, und begann damit, ein soziales Portal namens »Facebook« zu entwickeln. Sara Blakely wollte immer mit etwas reich werden, was die Menschen wirklich benötigen. Was das war, spürte sie dann am eigenen Leib, als sie unbequeme Strumpfhosen trug und sich Slips unter einer engen hellen Hose abzeichneten. So erfand sie die figurbetonende und trotzdem sexy wirkende Unterwäsche Spanx.

Ein anderes Beispiel ist Edwin H. Land, der sein Chemiestudium abgebrochen hatte, um seine damaligen Filter für Kameraobjektive weiterzuentwickeln und zu vertreiben. Er hatte dann die Polaroidkamera erfunden und im Laufe seines Lebens insgesamt 535 Patente angesammelt und war zudem eine der wichtigsten Inspirationsquellen für Steve Jobs. Land vertrat nämlich die Auffassung, dass ein neues Produkt nicht erschaffen werde, sondern bereits existiere und lediglich in einem künstlerischen Prozess von einer visionär begabten Person erkannt und herausgearbeitet werden müsse. Er drückte sich damit ganz ähnlich wie Michelangelo aus, als der sagte, dass die Erschaffung einer Statue ganz einfach sei, da er ja nur den überflüssigen Marmor wegzuschlagen habe. Land vertraute seiner eigenen visionären Intuition weitaus mehr als der Meinung anderer oder gar Marktforschungsergebnissen, sodass er bis zur Markteinführung allein über das Produkt entschied. Er war überzeugt, er besitze jene kreative Offenheit, mit der er die Bedürfnisse von Menschen erkennen konnte. Nach der Markteinführung war er jedoch mit dieser Einstellung auch dazu in der Lage, sein Produkt rigoros und ohne falschen Stolz auf Basis des erhaltenen Kunden-Feedbacks zu korrigieren.

Dies alles fand Steve Jobs sehr beeindruckend, er verehrte Edwin Land, rief oft bei ihm an und fragte ihn um Rat. Nach Meinung sowohl von Land wie auch Jobs besteht die Verantwortung der Manager gerade darin, die Visionäre und Träumer in ihrem kreativen Prozess zu unterstützen und sie vor Beeinflussung von außen zu schützen.

Dieser Edwin Land nun hatte ein Gründungserlebnis. Das hier erfahren zu können ist übrigens insofern etwas Besonderes, als Lands persönlicher Assistent gleich an seinem Todestag am 1. März 1991 dessen komplette persönliche Aufzeichnungen vernichtet hatte und wir diese Geschichte nur deshalb kennen, weil Ernst Pöppel einmal auf liebenswürdigste Weise von dem Erfinder empfangen worden war. Die beiden hatten damals über die Besonderheiten des Lichts gefachsimpelt und waren seitdem freundschaftlich verbunden gewesen. Die Idee von der Polaroid wurde an einem Tag in den vierziger Jahren geboren, als Familie Land gerade Urlaub in Cape Cod machte, südlich von Boston. Am Strand machte der Vater Fotos von seiner Tochter. Smartphones, Selfies, an all das war damals noch nicht zu denken. Vielmehr gab es als modernste Technik die 35-Millimeter-Kleinbildfilme, die zunächst ins Labor gebracht und entwickelt werden mussten, damit anschließend von den Negativbildern positive Fotoabzüge hergestellt werden konnten.

»Warum kann ich mich denn nicht sofort sehen?«, hatte die Tochter genörgelt.

»Du musst halt etwas warten, sei nicht so ungeduldig«, so die knappe Antwort von Papa Edwin.

Doch insgeheim hielt er die Frage für berechtigt und hat weitergedacht. Er kombinierte sein Wissen über chemische Entwicklungsprozesse und UV-Filter und entwarf mit seinem technischen Verständnis das Konzept einer Instantkamera, der man kurz nach der Aufnahme ein fertiges Papierbild entnehmen konnte. Daraus entstand schließlich die berühmte Polaroidkamera SX 70.

Wie viele Väter und Mütter auf der Welt, die damals fotografiert haben, werden die ungeduldige Frage ihrer Sprösslinge gehört und sie schulterzuckend abgetan haben. Keiner von ihnen hat daraus eine Sofortbildkamera entwickelt. Tatsächlich sagte Land später einmal zu Ernst Pöppel, die Entdeckungen hätten möglicherweise von keinem anderen gemacht werden können, denn kein anderer hätte diese Kombination von

Kenntnissen, Möglichkeiten und gleichzeitig den entscheidenden Impuls zur richtigen Zeit gehabt. Land war der einzige Mensch, der die Polaroidkamera erfinden konnte, weil er gleichzeitig das technische Grundwissen hatte, den nötigen Pioniergeist besaß und zufallssensitiv war. Ein glücklicher Zufall.

Serendipity

Das Prinzip der Serendipity[11] – des glücklichen Zufalls – ist nach einem persischen Märchen von drei Prinzen benannt, die viele unerwartete Entdeckungen machten und daraus besonders intelligente Schlussfolgerungen zogen. Mit Serendipity erreicht man oft auch ein persönliches Ziel, das implizit in einem wartet. Wenn man auf sein Leben zurückblickt, erkennt man häufig im Nachhinein die zufälligen Konstellationen, die prägend waren. Diese zufälligen Konstellationen zu erkennen und zu nutzen ist Serendipity. Eine zufällige Beobachtung von etwas ursprünglich nicht Gesuchtem, das sich als neue und überraschende Entdeckung erweist.

Natürlich ist die Serendipity nicht denkbar ohne den rechten Zeitpunkt. Den günstigsten Zeitpunkt zu finden ist ein so hohes Kunststück, dass dies in der griechischen Mythologie als Gottheit personifiziert wurde. Kairos als der rechte Zeitpunkt steht im Gegensatz zum langen Zeitabschnitt Chronos und zum Tag. Er ist am Hinterkopf kahl, denn wenn er vorbeigezogen ist, kann man ihn nicht mehr beim Schopfe packen.

Vorbei ist vorbei, oder »Wer zu spät kommt, den bestraft das Leben«, wissen auch wir. Aber wer zu früh kommt, trifft vielleicht noch gar nicht auf eine für die Entdeckung oder Entscheidung vorbereitete Welt.

Die Wissenschaft ist beispielsweise in einen Modestrom eingebettet. Zu bestimmten Zeiten werden bestimmte Forschungen eher genehmigt und Publikationen lieber veröffentlicht als zu anderen Zeiten. Kreative Wissenschaft, die aus dem Modestrom heraussteigt und Eigenes entdecken will, hat es schwer, ihre Ergebnisse werden nicht anerkannt. Auch Ernst Pöppel wurde mit manchen seiner Entdeckungen ein *lack of kairos* bescheinigt, so etwa seine Entdeckung vor dreißig Jahren, dass man mit Hirnströmen messen kann, ob eine richtige Narkosetiefe erreicht worden ist, sodass eine Operation keine unbewussten Traumata hervorruft. Die eigene Kreativität ist somit auch noch einmal etwas anderes als die gesellschaftliche Innovation, wenn andere die Idee aufnehmen und es zu Produkten kommt.

Das richtige Zeitfenster erwischen

Damit wir das richtige Zeitfenster erwischen und zudem den glücklichen Zufall sehen und nutzen, muss das Gehirn offen und strategisch zugleich sein. Aber wie geht das? Sind wir denn nicht durch unsere genetischen Anlagen und unsere frühen Prägungen festgelegt, wie wir es im Kapitel »Traut euch, Vorurteile zuzulassen« gelesen haben? Haben wir denn nicht unsere Ziele, die wir aus unserem individuellen Können, Wissen und einer Prise Vernunft verfolgen? Ist denn die Fähigkeit, abstrakte, strategische Ziele zu entwickeln, nicht überhaupt erst eine besondere Leistung der Evolution? Dass wir von uns selbst abstrahieren und in die Zukunft planen können?

Ja, das stimmt alles. Aber darüber hinaus sind wir auch von Natur aus auf die Möglichkeit programmiert, offen zu sein. Wir tragen Programme in uns, welche die Möglichkeit der Veränderung und Anpassung an bestimmte Umwelt- und Lebensbedingungen ermöglichen; diese Prozesse werden in der modernen Forschungsrichtung der Epigenetik erkundet. Damit sind wir fähig, uns auch nachhaltig immer wieder an neue Lebensumstände anzupassen. Die Angleichung geschieht auch dann, wenn wir beschließen, unsere Erwartungen an neue Gegebenheiten anzupassen. Zum Beispiel den Verlust des Partners zu verkraften. Oder den Einschnitt, den eine Krankheit oder ein Gebrechen mit sich bringt, zu akzeptieren. Oder mit einem Unfall oder einer Gewalterfahrung abzuschließen. Anders ausgedrückt, eine gute Lebensqualität zeichnet sich dadurch aus, dass die Differenz, das Delta zwischen den Erwartungen und dem Möglichen nicht zu groß ist. Somit können die Erwartungen auch erfüllt werden, was das eigentliche Prinzip einer guten Lebensqualität und von Glücksmomenten darstellt. Dazu brauchen wir die Fähigkeit, offen für Neues zu sein und uns an Neues anzupassen. Wer hingegen »stur« an dem festhält, was einmal war oder was ihm eigentlich zustehe, wird verbittert, denn er erlebt permanent das Gefühl des Mangels.

Prinzipiell haben wir zwei Möglichkeiten, auf etwas Neues zu reagieren. Einmal können wir uns zu einem geschlossenen System machen, nichts nach außen kommunizieren und nichts in uns hineinlassen. Das allerdings gelingt in der Perfektion nur in der Theorie, etwa im zweiten Hauptsatz der Thermodynamik, ein physikalisch interessantes Konstrukt. Die zweite Möglichkeit besteht darin, auf das nicht Verstandene, das Unbekannte hinzuschauen und daraus etwas Neues entstehen zu lassen. Lebensprozesse sind auf offene Systeme angelegt, der beste Beweis ist die Evolution, ein beständiges Weiterentwickeln und Anpassen an neue Lebensumstände.

Das hatte sich das Team um Ernst Pöppel auch gedacht, als es im Klinikum Großhadern den österreichischen Extrembergsteiger Thomas Bubendorfer in den Magnetresonanztomografen legte, um mit ihm, dem Alleingänger – er praktiziert das Free-Solo-Klettern –, ein Experiment durchzuführen. Aus einem technischen Versehen jedoch sind die Reize, die ihm im Scanner vorgestellt werden sollten, nicht angekommen. Bubendorfer lag also eine halbe Stunde in dem Gerät, in höchster Erwartung auf Reize, die nicht eintrafen. Als der Fehler bemerkt worden war, wurde das Experiment wiederholt. Erneut lag Bubendorfer in der gleichen Erwartung in dem Gerät – und wieder passierte nichts, weil sich der technische Fehler schon wieder eingeschlichen hatte. Alle Daten waren also umsonst? Das wäre die Version eins gewesen: Die Daten werden vernichtet, denn sie entsprechen nicht dem Erwarteten. Version zwei sieht anders aus: Die Daten in Form von gemessenen Hirnaktivitäten sind ja vorhanden, wie könnte denn die passende Frage dazu lauten? Vielleicht so: »Wie verhält sich das Gehirn eines durchsetzungsstarken Probanden, der verzweifelt auf Informationen wartet, die sich nicht einstellen?« Diese Frage ist hinsichtlich Frustrationstoleranz, Stressbewältigung und Resilienz höchst interessant. Unbeabsichtigt hatte Ernst Pöppel also ein Frustrationsexperiment gemacht, dies musste nur erst erkannt werden. Und so funktioniert die Welt: Zufälligkeiten geben Anlass zu einem neuen Nachdenken, um alles besser zu verstehen.

Fazit

Serendipity ist der Königsweg, der uns zwischen dem blinden Vertrauen auf den Zufall und dem starren Festhalten an Strategien und Plänen entlangführt. Interessen, Lebensmotive oder Ideen können lange Zeit in uns schlummern und einen weiten Erwartungsrahmen bilden. Und plötzlich tritt der Zufall ein, den wir nur deshalb bemerken, weil wir durch den Rahmen Bezüge herstellen. Das Prinzip der Serendipity zu nutzen ist die folgerichtige Konsequenz daraus, dass es uns einerseits nicht möglich ist, uns zielgerichtet durchs Leben zu navigieren, andererseits unser Gehirn aber fähig ist, aus singulären Ereignissen Bezüge und Zusammenhänge herzustellen – zu kreieren. Jemand erkennt, dass eine Beobachtung in einem bestimmten Kontext eine Bedeutung haben könnte. Häufig trägt er die Frage danach, welche Bedeutung es sein könnte, lange mit sich herum, bis sich die Antwort in Form eines konkreten Einfalls manifestiert. Dieser muss jedoch vorbereitet sein, zunächst durch das Sammeln von Daten, das Anhäufen von Erfahrung, die Wahrnehmung von Sinneseindrücken. Die Daten werden daraufhin im Gehirn in einen Kontext eingeordnet, und auf diese Weise werden unterschiedliche Wissensfelder aufgebaut. Schließlich werden diese miteinander vernetzt. Je mehr unterschiedliche Wissensfelder in einem Gehirn vorhanden sind, desto außergewöhnlichere Kombinationsmöglichkeiten gibt es. Dies sind die Grundlagen der Kreativität, denn Kreativität besteht darin, durch die Vernetzung von Informationen Lösungen für Probleme zu finden.

Da hilft das Prinzip des Zufalls, das wir im Nachhinein gern als schicksalhaft deuten. Kann man den Zufall für sich selbst ausbeuten, ihn für die eigene Kreativität inszenieren? Jeder kann das, auch Sie, indem Sie sich nicht nur in Ihrem Fachgebiet in die Tiefe vorarbeiten, sondern auch offen für gänzlich andere Lebensbereiche sind. Spezialisten können zwar in die Tiefe vordringen und hier ungeahntes Wissen erwerben. Doch dies geht auf Kosten der Mutation, Variabilität der Merkmale und Selektion. Um dem Zufall auf die Sprünge zu helfen und damit auch Ihrer Kreativität, ist es besser, in einem Bereich der Spezialist zu sein, sich aber trotzdem für andere Bereiche zu öffnen, mit dem Anspruch, zumindest ansatzweise über alles informiert zu sein, was die Welt bewegt.

Zufallssensitivität verhilft zu neuen Ideen: Zunächst erkennt man, was die bestimmenden Ideen bei der versuchten, aber erfolglosen Lösung eines Problems waren; dann versucht man, einen anderen Zugang zu finden, der mit dem ersten nichts zu tun hat. Hierzu muss man sich von der logischen Kontrolle seiner Gedanken befreien und neue Gedanken zulassen, die zunächst ungewöhnlich erscheinen mögen, aber auf eine neue Fährte führen können. Auch muss man den Zufall ausnutzen, denn manchmal stolpert man unvorhergesehen über Lösungsmöglichkeiten – wenn man mit Zufallssensitivität ausgestattet ist und auf das zufällig Gegebene nicht sofort mit Misstrauen reagiert. Neue Ideen kann man nicht erzwingen; manchmal tauchen sie plötzlich aus dem Ozean des impliziten Wissens auf, und dann braucht man eine Antenne, sie zu erkennen, und das Neue nicht zu schnell abzulehnen, weil man schon zu wissen meint, dass etwas nicht funktionieren wird. Man hat zuweilen den Eindruck, dass manche Menschen in der Tat Angst haben vor einem kreativen Gedanken, der sie aus der Bahn des Gewohnten werfen würde

5 Traut euch zu vergessen

Als die Enkelin ihren Opa besuchte, war er liebevoll wie immer. Er erkundigte sich nach ihrer Fahrt, interessierte sich für die Reiseroute und die Straßenverhältnisse und gab Tipps, wie sie demnächst den Baustellen ausweichen könne. Doch dann fragte er: »Wo wohnst du jetzt noch einmal?«

Sie nannte ihm den Ort.

»Ich glaube, da bin ich kürzlich gewesen, mit einer Busreise für Senioren, wir haben dort Pause gemacht«, meinte er.

»Nein, das war doch ganz woanders«, korrigierte Oma mit genervtem Ton.

Und die Enkelin nickte stumm. Oma hat recht, das war woanders. Doch der Rastort und ihr Heimatort klingen ähnlich, deswegen war die Verwechslung von Opa schon verständlich. Aber genau diese Unterhaltung in fast demselben Wortlaut hatten sie vor einem Monat schon einmal geführt. Damals hatte sie ihm die Verwechslung lang und ausführlich erklärt und ihm alles auf ihrem iPad mit Google Maps gezeigt. Das war Opa jedoch nicht mehr präsent.

»Es wird immer schlimmer mit ihm, er vergisst alles«, beklagte sich Oma später bei der Enkelin.

Diese konnte nur hilflos mit den Schultern zucken, denn sie ahnte, was mit Opa los war. Wahrscheinlich das Gleiche wie mit Ronald Reagan. »Ich beginne nun die Reise, die mich zum Sonnenuntergang meines Lebens führt«, hatte der ehemalige Präsident der USA im Jahr 1994 in einem öffentlichen Brief geschrieben und die Welt über seine Alzheimer-Erkrankung informiert. Er hatte sich damals zu einer Reise in eine dunkle Welt verabschiedet. Die bunten Bilder seines Lebens zu vergessen bedeutet, seine eigene Identität zu vergessen. Eine schlimme Vision vom Ende des Lebens.

Das Manko des Nichts-vergessen-Könnens

Etwas zu vergessen ist bereits in einem kleineren Maßstab unschön: Es liegt einem auf der Zunge, aber es kommt nicht heraus. Man versagt in einer Prüfung, weil ein wichtiges Detail entfallen ist. Die schlagfertige Antwort lässt auf sich warten, denn man weiß es nicht mehr ganz genau. Wie beeindruckend ist doch demgegenüber, was der russische Psychologe und Hirnforscher Alexander R. Lurija über den Gedächtniskünstler S. schrieb.[12] Der war Reporter bei einer Zeitung und kam in den zwanziger Jahren zu Lurija in dessen Laboratorium und bat ihn, sein Gedächtnis zu testen. Seinem Vorgesetzten, dem leitenden Redakteur der Zeitung, war aufgefallen, dass S. nie mitschrieb und sich dennoch immer alles haarklein merkte. Lurija, der nebenbei bemerkt sowohl Oliver Sacks als auch Ernst Pöppel in deren Lebenswerk geprägt hatte, legte auch die Grundlage für das weltgrößte Rehabilitationszentrum von Hirntraumata unter der Leitung von Victor Markowich Shklovski in Moskau.

Als S. zu Lurija kam, war der zunächst beeindruckt davon, dass sich sein Proband einfach alles merkte. Aber im Grunde war es doch so, dass S. nur nichts vergessen konnte, analysierte Lurija dann später. Dem vermeintlichen Privileg des Sich-alles-merken-Könnens setzte er das Manko des Nichts-vergessen-Könnens entgegen. S. konnte zwar jedes Detail behalten, aber er war unfähig, diese Details in bestimmte Kontexte zu stellen. Er konnte also nicht abstrahieren. Dies zeigt eine Aussage von S. am 14. September 1936, die Luria in seinem Buch festhielt: »Im vorigen Jahr hat man mir eine Aufgabe vorgelesen: ›Ein Händler hat so und so viele Meter Stoff verkauft …‹ Sobald ›Händler‹ und ›verkauft‹ ausgesprochen sind, sehe ich ein Geschäft, sehe ich den Händler hinter dem Ladentisch stehen; nur sein Oberkörper ist zu sehen. Er handelt mit Textilien, und ich sehe Stoffe, sehe ein Kontorbuch und alle Einzelheiten, die mit der Aufgabe überhaupt nichts zu tun haben, und mir bleibt das Wesentliche nicht im Gedächtnis.«

S. konnte sich nicht auf die eigentliche Aufgabe konzentrieren, denn er verlor sich sofort mit den ersten Sätzen in Einzelheiten, die er sich vorstellte und auch wusste. Viel Wissen zu haben bedeutet also nicht, dieses Wissen auch einsetzen zu können. Wenn man alles behält, dann kann die Fähigkeit, Abstraktionen zu bilden, unterentwickelt sein – so war es auch in dem von Luria beschriebenen Fall. Abstraktionen vereinfachen das Leben, denn sie beschleunigen unser Handeln. Wer sich in Details verliert, braucht oft sehr lange, um eine Entscheidung zu treffen.

Ein Hauptgeschäft des Gehirns ist die Reduktion der Komplexität von Informationen – anders müssten wir auf der Ebene des Lebens und Erlebens im Sumpf der Abermillionen Einzeldaten versinken. Leider geschieht bei manchen Patienten mit Störungen des Gehirns gerade dies, sie halten alle Detailinformationen fest, die auf sie einstürzen, ohne sie sinnvoll einordnen zu können. Der Mann, den Lurija in seiner Studie beschrieb, konnte nicht vergessen und trat sogar als Gedächtniskünstler auf. Doch dieses besondere Können hatte seinen Preis, in der Bewältigung des täglichen Lebens nämlich war er alles andere als erfolgreich, weil es ihm schwerfiel, sich auf die jeweils anstehenden Aufgaben zu fokussieren.

Zu abstrahieren ist somit eine Form, das Gehirn von überflüssigen Informationen zu befreien. In diesem Sinne ist ein mit besonders viel Einzelinformationen ausgestatteter Mensch lebensuntüchtig. Wie Lurijas Proband: »Wenn ich zum Beispiel jemanden sagen höre, Wasser sei farblos, erinnere ich mich daran, wie mein Vater einen Baum am Besymjannaja-Flüsschen absägen musste, weil er die Strömung behinderte. Ich beginne, darüber nachzudenken, was das ist – das Besymjannaja-Flüsschen (Anmerkung: auf Russisch bedeutet *besymjannaja* ›namenlos‹). Es hat also keinen Namen …«

Wie viele Bilder in S. doch durch die Vorstellung vom farblosen Wasser entstehen. Was solche Assoziationsketten für die Lebenstüchtigkeit eines Menschen bewirken, können wir nur ahnen. Ob S. überhaupt dazu in der Lage war, sich ein einziges Spiegelei zu braten, wissen wir nicht.

Einem anderen derart begabten Menschen, Kim Peek aus Salt Lake City, ist es jedenfalls nicht gelungen. Peek war das Vorbild für den hochbegabten Raymond Babbitt in dem Film »Rain Man«. Sein Erinnerungsvermögen fiel erstmals auf, als er mit zwölf Jahren das Weihnachtsevangelium, kurz zuvor einmal gehört, Wort für Wort genau wiedergab. Im Laufe seines Lebens lernte Kim Peek 12000 Bücher auswendig. Kim-Puter, wie ihn sein Vater nannte, kann nicht allein leben. Sein Vater erzählte auch, Kim würde über die Assoziationsketten, die ein erst durchsichtiges und dann weißes Spiegelei mit sich bringen, verhungern.

Wir ahnen also schon: Es ist gar nicht schlecht, das eine oder andere zu vergessen. Doch wie funktioniert das Vergessen eigentlich?

Die Kurve des Vergessens

Was wir uns einprägen, ist normalerweise einer Vergessenskurve unterworfen. Zunächst ist das Wissen noch frisch und gegenwärtig. Nach einiger Zeit jedoch verblasst die Erinnerung. Unwichtige Ereignisse oder nicht wiederholte Fakten werden vergessen. Wie flach oder steil die Vergessenskurve ist, hängt unter anderem vom Lernstoff ab und davon, ob sich Anknüpfungspunkte im Gehirn befinden. Ein weiterer Faktor ist, wie trainiert das Gehirn des jeweiligen Individuums im Lernen ist. Wie das Vergessen aber tatsächlich funktioniert, dazu gibt es zwei Theorien, nach denen das Gelernte entweder verblasst oder es überlagert wird.

Wir werden permanent von unglaublich vielen Informationen überschwemmt. Die allermeisten davon gelangen nicht in unser Bewusstsein. Die Auswahl dessen, was in unser Bewusstsein kommt und was nicht, wird vom antizipierten Ziel bestimmt. Dabei muss einem das Ziel selbst noch gar nicht oder kann nur teilweise bewusst sein. Auch das Auswählen und Verwerfen von Informationen ist kein bewusster Vorgang. Doch man hat zumeist eine Ahnung von dem, worauf man zusteuern möchte, was die Auswahl der Informationen bestimmt. Das geht etwa Schriftstellern so, wenn sie einen längeren Text oder einen Roman schreiben. In einem schwer zu definierenden Zustand zwischen Bewusstsein und Unbewusstsein, bei dem man aber ganz bei der Sache ist, formiert sich das Ziel, bahnen sich Wege, werden Informationen verwertet. Deswegen ist es in dieser Phase auch besonders destruktiv, wenn man sich nicht konzentrieren kann und dauernd abgelenkt wird. Mathematikern mag es ähnlich gehen, wenn sie dabei sind, eine Beweisführung aufzustellen. Auch Naturwissenschaftler ahnen oft die Lösung für ein Problem, auch wenn sie noch nicht wissen, wie sie zu erreichen ist.

Das Vergessen und das Suchen nach der schon geahnten Lösung sind zwei Prozesse, die sich gegenseitig bedingen. Man könnte dafür am besten das Escher'sche Bild von den beiden Händen verwenden, die sich gegenseitig zeichnen. Aber auch Einfälle sind einer Gesetzmäßigkeit unterworfen. Wenn man gerade träge ist oder depressiv, ist der Geist zu wenig aktiviert, und man hat keine Idee. Wenn man etwa in einer Prüfungssituation Angst hat und dadurch überaktiviert ist, wird die Leistungsfähigkeit stark vermindert – es fällt einem nichts mehr ein. Auch in Gesprächssituationen, in denen man unbedingt etwas erreichen will, lassen die Einfälle oft auf sich warten. Denn mit großer Zielorientierung wird jeder Einfall sofort daraufhin überprüft, ob er brauchbar ist, und man verschließt die Augen vor dem zufällig eintretenden Einfall. Selbst wenn er ins Bewusstsein gebracht wurde, ist zudem nicht jeder Einfall es wert, aufgegriffen und weiterverarbeitet zu werden. Das Weglassen ist somit dazu notwendig, um uns auf ein Ziel zu fokussieren.

Das kreative Vergessen

Das ist die eine Form des Vergessens. Sie ist zum Denken notwendig, denn sie schützt uns vor hemmendem Informationsmüll. Daneben gibt es aber auch noch einen anderen Aspekt des Vergessens. Den des kreativen Vergessens. Dies ist das bewusste Entscheiden dafür, Gedächtnisinhalte nicht immer wieder aufzuwärmen und sie somit zu vergessen.

Nehmen wir einmal folgende Szene, die verstörend zu lesen ist, die sich aber immer wieder auf der Welt zuträgt: die des Kindsmissbrauchs. Ein Vater misshandelt aus welchen Gründen auch immer seine Tochter. Er missbraucht sie sexuell, er quält sie, er sorgt dafür, dass sich das Selbstbewusstsein der Tochter nicht entfalten kann. Gleichzeitig erklärt er ihr, dass er sie liebt und dies alles nur zu ihrem Besten geschieht. Üblicherweise kommen Kinder mit einer solchen Zweideutigkeit nicht klar. Einerseits ist da die Angst, der Schmerz, die Missachtung; andererseits soll das alles Liebe sein? Aus Selbstschutz wird der schmerzende Teil der Kindheitserlebnisse ins Unbewusste verbannt. Im Bewusstsein bleibt der Anteil, mit dem das Kind leben kann.

Das ist der individuelle und nützliche Aspekt des Vergessens: Lebensgeschichtlich ist es absolut notwendig, Traumata und schmerzliche Erfahrungen zu vergessen. Auch Kriegsheimkehrer, Überlebende von Unfällen, Anschlägen oder Folter können nur dann weiterexistieren, wenn es ihnen gelingt, das Erlebte zu vergessen oder zu unterdrücken. Teilweise schaffen die Betroffenen es mithilfe einer Psychotherapie, dass sie Mechanismen lernen, mit den hin und wieder durchdringenden Erinnerungen besser zurande zu kommen, indem ihnen klar wird, dass sie sich heute in einer anderen Situation befinden als damals. Doch die Erlebnisse können nicht ungeschehen gemacht werden, sie sind im Gedächtnis eingegraben, und Menschen können – von Natur aus – nur versuchen, trotzdem weiterzuleben, indem sie sich auf das Hier und Heute konzentrieren.

Dass so ein Mechanismus funktioniert, zeigen KZ-Überlebende. Im Alter von siebzig oder achtzig Jahren taucht das Unterdrückte und vermeintlich Vergessene wieder im Bewusstsein auf. In der achten Lebensphase nach Erik Erikson[13] ist man entweder befreit oder verzweifelt, weil etwas schiefgegangen ist. Bei den Menschen, die damals im Krieg, in der Vertreibung oder in der Gewalt gelebt haben, kommt jetzt mit dem Alter die schmerzhafte Erinnerung an den Verlust der Kindheit hoch. Das Vergessen damals in den ersten Stadien der Entwicklung war notwendig, um das Leben zu meistern. Doch jetzt, im Stadium acht, beginnt das Gehirn sich nochmals zu verändern. Damit entsteht eine neue Herausforderung, sich mit den Dingen auseinanderzusetzen und noch einmal Frieden mit sich selbst zu schließen, weil es gar nicht anders möglich ist. Es geht dabei immer um das Gleichgewicht. Wenn etwas besonders Belastendes auftaucht, muss man sich im Gegenzug besonders liebevoll betrachten, sodass im rechnerischen Mittel eine Ausgeglichenheit entsteht. Das heißt, wenn man im Alter mit den neuen Erinnerungen an die alten Traumata konfrontiert wird, muss man nun besonders liebevoll mit sich umgehen, um ein neues Gleichgewicht zu erschaffen. Hier können wir im Westen übrigens gut aus dem asiatischen Denken lernen.

Im Östlichen achtet man mehr auf das Einfügen und weniger auf das Festgefügte. Im Westen schaue ich auf die Welt, im Osten bin ich Teil des Ganzen. Das Gefühl, ein Teil des Ganzen zu sein, hilft dabei, sein eigenes Schicksal als weniger verletzend wahrzunehmen und leichter damit abzuschließen.

Das kreative Konzentrieren

Eine weitere Hilfe, um mit traumatischen Erlebnissen umzugehen, ist es, sich auf etwas anderes zu konzentrieren. Es ist banal: Indem ich mich auf etwas konzentriere, fokussiere ich mich nicht auf etwas anderes. Stellen Sie sich vor, Sie dürfen sich nicht auf einen rosafarbenen Elefanten konzentrieren, der vor Ihnen steht und der Ihnen mit seinem rosafarbenen Rüssel winkt und mit seinen rosafarbenen Augenlidern zuzwinkert. Es ist zwar eine alberne Vorstellung, aber Sie können sich schon jetzt nicht von ihr lösen. Und je mehr wir von Ihnen verlangen, dass Sie sich auch nicht auf seine rosa lackierten Fußnägel konzentrieren dürfen, desto weniger gelingt Ihnen das. Doch wenn Sie sich Mühe geben, können Sie sich stattdessen auf einen grünen Elefanten konzentrieren, mit grünen Ohren, mit denen er freudig wedelt. Oder Sie können sich auf das Buch vor Ihnen konzentrieren, auf den Geruch des Papiers, auf die Haptik in Ihren Händen. Sich derart abzulenken ist kreatives Konzentrieren. Statt sich auf etwas zu versteifen, an das Sie nicht denken möchten, suchen Sie sich lieber einen neuen Bewusstseinsinhalt aus. Und Sie können sicher sein: Es ist Ihnen nur möglich, sich auf einen einzigen Bewusstseinsinhalt zur gleichen Zeit zu konzentrieren. Sie können zwar nacheinander an einen rosafarbenen und an einen grünen Elefanten denken, aber nie gleichzeitig. Sich bewusst auf etwas Willkommenes zu konzentrieren beseitigt informativen Müll.

Das kulturelle Vergessen

Bis jetzt haben wir vom individuellen Vergessen gesprochen, also von einer Fähigkeit unseres Gehirns, die wir bislang tunlichst vermeiden wollten, deren Vorteil aber nicht von der Hand zu weisen ist, weshalb es sinnvoll ist, sie bewusst zu nutzen und auszubauen, um besser zu leben. Doch neben dem individuellen Vergessen gibt es das kulturelle Vergessen, und das ist etwas ganz anderes. Kulturelles Vergessen bedeutet, wenn eine ganze Gesellschaft die Lebensumstände einer früheren Zeit vergisst, sich aber unkritisch auf die Überlieferungen von damals bezieht. Dass das bedenklich ist, sehen wir etwa an dem teilweise immer noch zu vernehmenden Ausspruch »Das habe ich bis zur Vergasung gemacht«, wenn jemand ausdrücken möchte, dass er oder sie etwas zu Ende gebracht hat. Denselben Hintergrund hat der Ausdruck »Den kannste in der Pfeife rauchen«. Wenn wir bewusst darüber nachdenken, erschließt sich uns der Ursprung dieser Ausdrücke aus der Nazizeit von selbst, und wir können so nicht mehr reden. Doch was in der Bibel, dem Koran oder der Thora steht, übertragen Menschen teilweise wortwörtlich und unreflektiert. Die Kreationisten in den USA nehmen die Worte der Bibel zur Genese der Menschen so, als gäbe es die Evolution nicht. Diese Tendenz, nur an das festgefügte Wort zu glauben, gibt es auch im Islam und im Jüdischen. Die Wahrheit aber finden wir nicht im Alten Testament oder in historischen Worten von Koran oder Thora, denn diese sind im Lichte ihrer jeweiligen Geschichte geschrieben. Was dort damals als wahr galt, ist im Kontext der damaligen Lebensumstände zu sehen. Und so müssen diese Worte interpretiert werden, sie sind nicht wortwörtlich zu nehmen. Wir müssen quasi die wörtliche Überlieferung vergessen beziehungsweise den symbolhaften Charakter in ihr erkennen.

Es gab im Laufe der letzten 2000 Jahre eine Entwicklung, wir lebten damals komplett anders als heute, und unsere Realitäten waren unterschiedlich. Wenn wir uns dies bewusst machen, kommen wir zu einer unterschiedlichen Lesart der religiösen Schriften. Die Wahrheit liegt nicht in deren narrativem Element, sondern in dem, was davon abstrahiert ausgedrückt werden sollte. Es geht um die eigentliche Bedeutung, nicht um die Fakten, denn diese ändern sich. Wenn man sich auf die absolute Wahrheit beruft, vergisst man das Prozesshafte, dass nämlich manche Worte im geschichtlichen Kontext zu sehen sind. Leopold von Ranke, der bedeutende Historiker, hat den Sachverhalt mit den Worten »Jede Epoche ist unmittelbar zu Gott«[14] ausgedrückt. Wir interpretieren die Geschichte heute anders als vor 100 oder 1000 oder vor 2000 Jahren.

»Vergesst Auschwitz!«, rief auch Henryk M. Broder mit seinem Buch im Jahr 2012, denn er meint, das ritualisierte Gedenken ist nicht mehr als eine leere Geste. Ja, mehr noch, eine Ablenkung von der Gegenwart. Indem wir in dem aufgehen, was damals war, verpassen wir es, in der Gegenwart richtig zu reagieren. Sehr treffend hat dies Broder übrigens beschrieben mit der Widmung im Schmutztitel. Unter die Zeilen »Vergesst Auschwitz« schrieb er 2012 in einer Widmung an Beatrice Wagner: »aber nicht Oswalt«. Und bezog sich damit auf den gemeinsamen Freund Oswalt Kolle, der kurz zuvor von der Welt gegangen war. Und knapper und zugleich treffender kann man es kaum ausdrücken, dass uns nicht die kulturelle abstrakte Erinnerung weiterbringt, sondern nur der persönliche echte Bezug im Hier und Jetzt (mehr zur Macht der Gegenwart im nächsten Kapitel).

Fazit

Wenn man alt wird, hat man meist viel erlebt. Vieles davon wird erbaulich gewesen sein, vieles davon aber auch verletzend, enttäuschend oder gar traumatisierend. Wenn man nun nicht hart und verbittert werden möchte, muss man vergessen können. Das ist der Prozess des Weisewerdens. Das heißt, auf kreative Art zu vergessen, was uns verletzt und bedrückt. Wenn wir dies nicht unentwegt zelebrieren und uns selbst wieder in Erinnerung rufen, geben wir dem Gehirn die Chance, unschöne Erfahrungen zu verdrängen. Dies gelingt uns umso besser, je mehr wir uns intensiv mit ichnahen Dingen beschäftigen. Wie Friedrich Nietzsche schreibt, muss ein Mensch im Laufe des Lebens aus der ursprünglichen kindlichen Naivität heraustreten und erwachsen werden, um dann mit dem Älterwerden wieder zu vergessen.

Es ist der naive Weltbezug des Kindes, was wir als weise bezeichnen. Kinder haben einen direkten Bezug zur Welt, sie erleben sie unvermittelt und besitzen damit einen Weisheitskern. Mit dem Erwachsenwerden verlieren wir diesen, indem wir Außenperspektiven einnehmen und uns aus dem Blickwinkel von anderen betrachten. Wir verlieren ihn auch, wenn wir Kränkungen, Ungerechtigkeiten und Blamagen mit uns herumtragen. Aber indem wir die ursprüngliche Naivität und den Bezug zur Welt wiedergewinnen und uns bewusst dafür entscheiden, die alten Dinge ruhen zu lassen und sie dem Meer des Vergessens zu übergeben, nutzen wir unsere Fähigkeit des Vergessens optimal und haben eine Chance, weise zu werden. Als weiser Mensch besitzen wir die Eigenschaften, in uns zu ruhen und uns nicht ständig Bestätigung von außen suchen zu müssen. Damit werden wir unabhängig.

6 Traut euch, im Jetzt zu leben

Haben Sie sich schon einmal mit jemandem unterhalten, der abgelenkt ist? Auf einer Party zum Beispiel, wenn der andere dabei den Blick schweifen lässt und in alle Richtungen grüßt. Ständig hat man dabei das Gefühl, man sei nur der Lückenbüßer, bis jemand kommt, der wichtiger ist. Und so entsteht ein seltsam verzerrtes Gespräch wie etwa das folgende.

Partner A: »Kann es sein, dass du mir gar nicht zuhörst?«

Partner B: »Ja, natürlich.«

Partner A: »Und was meinst du dazu?«

Partner B: »Hm, ja, du hast recht.«

Partner A: »Das macht echt keinen Spaß, sich mit dir zu unterhalten.«

Partner B: »Wirklich?«

Partner A: »Also dann mal bis später.« (Nimmt sein Glas und geht.)

Partner B: »Ja, genau … Hm, ja, ja.« Plötzlich: »Nanu? Wo bist du denn?«

Solch ein Partner B ist nicht gegenwärtig. Er ist nur scheinbar anwesend, während er seine eigene Gedankenwelt nicht verlässt. Für einen Partner A bedeutet das eine wahnsinnig nervige Verschleuderung der eigenen Impulse, der eigenen Lebendigkeit und Freundlichkeit. Und darüber hinaus kann sich mit einem Partner B kein echtes Gespräch entfalten, bestenfalls nur Small Talk, der jederzeit mit einigen Redefloskeln zu bewerkstelligen ist und der nicht in die Tiefe geht.

Für ein gemeinsames echtes Gespräch hingegen müssen beide dazu bereit sein, in eine gemeinsame Gegenwart einzutauchen. Nur dann kann sich entwickeln, was der jüdische Religionsphilosoph Martin Buber in seinem wichtigsten Text *Ich und Du* (1923)[15] als Begegnung bezeichnet. »Alles wirkliche Leben ist Begegnung«, meinte er. Doch die Begegnung mit dem Du erfordert das Opfer, dass alles andere ausgeblendet wird. Ein Opfer, das sich freilich lohnt, denn nur in der Begegnung mit dem Du erkennt man sich selbst. Deswegen war Buber auch der Überzeugung, dass es kein Ich an sich gibt. Lebewesen seien dadurch gekennzeichnet, dass sie durch sich und andere existierten. Damit wir ein Gefühl für die Selbst-Identität bekommen, müssten zwei Elemente zusammenkommen, beispielsweise »Ich« und »Du« oder auch »Ich« und »Es« wie das Buch, das ich in der Hand halte und dessen Inhalt mich fasziniert, oder die Natur oder die Musik oder das Bild, das ich betrachte. Erst in der gemeinsamen Gegenwart mit dem Du oder in der Hingabe an ein Es werde ich zum ganzen Wesen. Das »Ich« ersetzt Buber deshalb durch die Grundworte »Ich-Du« und »Ich-Es«.

Was ist Gegenwart?

Das bringt uns zu der Frage, was eigentlich Gegenwart ist. Die übliche Vorstellung lautet: Die Gegenwart ist »jetzt«. Und wir haben das Gefühl, das »Jetzt« mit uns weiterzutragen, »als ob man auf einem Pferd im Sattel sitze oder auf einem Segelboot durch die Wellen gleite und man jeweils nach vorn und zurückschauen könne, während man sich fortbewegt«, so hatte es der amerikanische Psychologe William James in seinem bedeutenden Werk *The Principles of Psychology*[16] ausgedrückt. Es sei demnach so, als würde sich ein bestimmtes Zeitintervall gleichförmig durch die Welt schieben wie ein Boot durch die Wellen.

Mit dem Konzept der subjektiven Gegenwart als einem *travelling moment* ergeben sich in der Tat wenig Anknüpfungspunkte an einen anderen Menschen. Und tatsächlich ist, entgegen dem eigenen Empfinden, die subjektive Gegenwart nicht fließend, sondern springend. Wir springen von einem Gegenwartsfenster[17] zum nächsten, und ein solches Gegenwartsfenster dauert etwa drei Sekunden. Sensorische Reize – zum Beispiel etwas, das man plötzlich hört oder sieht – führen dazu, dass sich jeweils ein Gegenwartsfenster öffnet und nach einer bestimmten Zeit wieder schließt. Das können wir selbst etwa an den Kippbildern überprüfen, bei denen wir je nach Sichtweise verschiedene Dinge erkennen. Ein bekanntes Kippbild zeigt in der einen Sichtweise einen Mann mit Brille und Glatze und in der anderen eine Maus. Die einen Menschen sehen zuerst den Mann, die anderen zuerst die Maus. Irgendwann taucht das alternative Bild von selbst auf. Doch auch wenn wir dann beide Sichtweisen haben, können wir nie beides zugleich sehen, wie man überhaupt immer nur einen Inhalt im Brennpunkt der bewussten Aufmerksamkeit haben kann. Aber wir können zwischen den beiden Sichtweisen wechseln und uns die jeweils andere bewusst machen.

Nun, dann passiert Folgendes, was ein Hinweis auf das Drei-Sekunden-Fenster ist. In dem Moment, in dem wir beide Sichtweisen haben, ist es nicht mehr möglich, nur noch die eine Alternative zu sehen, denn automatisch tritt nach wenigen Sekunden die jeweils andere ins Bewusstsein. Es ist so, als ob das Gehirn nach durchschnittlich drei Sekunden fragt: »Was gibt es Neues in der Welt?« Und wenn das Neue die andere Deutung einer doppeldeutigen Figur ist, dann kommt diese ins Bewusstsein. Und so wechselt die Sichtweise wie automatisch etwa alle drei Sekunden vom Mann zur Maus, zum Mann, zur Maus …

Anhand von solchen und vielen weiteren Hinweisen kann man heute sagen: Die zeitliche »Schrittlänge« des menschlichen Gehirns beträgt zwei bis drei Sekunden. Messungen des Gehirns durch den Kernspin beweisen neuerdings, dass die Aktionspotenziale des Gehirns etwa alle drei Sekunden auf einem hohen Niveau sind. Das heißt neurobiologisch, das Gehirn ist alle drei Sekunden in hohem Maß dazu bereit, etwas Neues aufzunehmen.

Für jeweils kurze Zeitstrecken wird ein Gegenwartsfenster geöffnet. In aufeinanderfolgenden Segmenten von wenigen Sekunden werden Informationen, die durch unser Bewusstsein ziehen, zu Einheiten zusammengefasst. Dieser neuronale Mechanismus ist notwendig, damit man überhaupt Informationen verarbeiten kann, damit man etwas in seinem Bewusstsein haben kann, damit etwas in unserem Bewusstsein Identität erlangen kann. Damit ich eine Tasse als Tasse sehe, eine Blume als Blume, müssen diese in ihrer Identität erst erzeugt werden, und dies ist keine triviale Aufgabe für das Gehirn. Wie das geschieht, dass also im Abstand von nur wenigen Sekunden jeweils überprüft wird, ob es immer noch die jeweilige Blume oder die Tasse ist, die ich sehe, ist eines der ungelösten Fragen der Hirnforschung. Wir wissen nur, dass es geschieht, doch wir wissen nicht, wie. Etwas wird für eine gewisse Zeit in seiner Identität festgehalten, und diese Identität wird bestätigt. Wenn nicht, dann besetzt ein neuer Inhalt, etwas mit einer anderen Identität, das Bewusstsein.

Unsere innere Zeit im Drei-Sekunden-Rhythmus umspannt die Aufmerksamkeit, die wir als Gegenwart empfinden. Alles, was wir aufnehmen, läuft über diesen Rhythmus. Gedichtzeilen, die in einem Atemzug gelesen werden, dauern so lang, Motti in Musikstücken ebenfalls, ein gegenseitiges Betrachten wird nach spätestens drei Sekunden beendet (sonst wirkt es aufdringlich), und unser Kurzzeitspeicher ist auf diese Zeitspanne angelegt. Auch alles Zwischenmenschliche geschieht im Drei-Sekunden-Takt, so können wir uns aufeinander einstellen. Dabei richten wir die Informationsdichte von dem, was wir sagen, auf einen gemeinsamen Drei-Sekunden-Rhythmus hin aus. Unser innerer Rhythmus verläuft nämlich nicht starr, sondern ist anpassungsfähig. Damit sind wir in der Lage, uns miteinander auf diesen Rhythmus einzuschwingen. Zwei Menschen, die miteinander reden oder etwas Gemeinsames tun, erleben den Beginn und das Ende dieses Drei-Sekunden-Fensters zur gleichen Zeit. Auf diese Weise wird die Kommunikation gewährleistet. Wenn wir uns miteinander synchronisieren und uns achtsam auf den Gesprächspartner einstellen, findet die Kommunikation automatisch in einer Intensität und Informationstiefe statt, mit der sich Menschen verstehen. In der gemeinsamen subjektiven Gegenwart von drei Sekunden beziehen sie sich empathisch aufeinander, und sie können im gemeinsamen Zeitfenster neue Ideen kreieren.

Wenn sich aber zwei Menschen wie im eingangs beschriebenen Austausch nicht miteinander synchronisieren, redet man aneinander vorbei. Der eine versteht nicht, weil er abgelenkt ist – etwa weil er mit seinen Gedanken bei den eventuellen Neuankömmlingen einer Party weilt. Der andere wiederholt seine Ausführungen und erhält immer noch eine nicht ganz passende Antwort, die ihm zeigt, dass kein Mitdenken erfolgt.

Hingabe

Damit wir uns mit unserem Gegenwartsfenster von drei Sekunden auf ein »Du« oder ein »Es« einlassen können, braucht es Hingabe: sich dem, was man gerade tut, hingeben und sich nicht ablenken lassen. Hohe Hingabe bedeutet hohe Eigenmotivation. Was immer man macht, wichtig nehmen. Genau das tun, was man gerade tut, und alles andere beiseiteschieben. Dies gilt für alles, fürs Lesen, Schreiben, Arbeiten, Kochen, Lieben, Denken … und sich dabei nicht unterbrechen lassen.

Das ist zugegebenermaßen in unserer Arbeitswelt schwierig, wenn wir dauernd unsere Arbeit für ein Telefonat, eine Anfrage oder eine dringende E-Mail unterbrechen müssen. Hinzu kommt, dass wir uns mittlerweile selbst in den Informationsfluss integrieren, indem wir es jeder Push-Nachricht erlauben, uns aus dem Konzept zu bringen. Diese permanente Anbindung an die Welt ist eine freiwillige Selbstunterjochung an einen Rhythmus, der nicht der eigene ist. Wenn ein Prominenter stirbt, ein Flugzeug abstürzt, ein neuer Krieg beginnt, die Chefin oder der Kollege eine Anfrage hat oder die Sekretärin für die Geburtstagsfeier sammelt … allen Geschehnissen wird in absolut der gleichen Priorität Wichtigkeit eingeräumt, und es ist ihnen erlaubt, uns in dem zu stören, womit wir befasst sind. Das ist so, als ob wir uns mit uns selbst permanent in einem abgelenkten Partygespräch befänden, bei dem alles andere wichtiger ist als die Unterhaltung, das heißt die Konzentration auf das, was man gerade tut. Der größte Kreativitätsschub, den Deutschland jemals machen würde, wäre dadurch zu erreichen, dass man dem gesamten Land zur selben Uhrzeit, vielleicht zwischen zehn und elf Uhr, eine Kommunikationssperre erteilte. Das Land wäre still und dächte. Eine Stunde lang, mit Hingabe und ohne Ablenkung. Ein Traum!

Doch wir selbst sind ja auch nicht besser. Auch wir tragen unseren Teil dazu bei, andere zu stören, indem wir alles mehr oder weniger Bedeutsame sofort per Twitter oder Facebook in die Welt senden. Leider aber schaden wir dadurch nicht nur den anderen, sondern auch uns selbst, denn dadurch fangen wir an, das Bedeutsame nicht mehr zu erleben, sondern es nur festzuhalten. Wir werden zum Beobachter, wo wir doch »Erleber« sein sollten. Unser eigenes Leben verliert dadurch an Farbe und Intensität. Wenn ich mich nicht mehr hingeben kann, kann ich mich nicht mehr konzentrieren, dann geht mir alles durch den Kopf, und ich verliere mich selbst.

Die Befreiung aus der Selbstversklavung

Eine Überhöhung der Hingabe ist die Meditation. Die Meditation, das Gebet, die konzentrierte Hingabe wie in der Liebe sind Wege, sich aus der Selbstversklavung zu befreien. Eine solche Kontinuität im Bewusstseinsstrom herzustellen widerspricht allerdings den Bauprinzipien unseres neuronalen Gewebes, nachdem uns ja das Drei-Sekunden-Fenster innewohnt und unser Gehirn sich alle drei Sekunden vergewissert, dass die Welt noch so ist, wie sie vor Kurzem war. Mit der Meditation versucht man also, sich aus der Versklavung des Bewusstseins zu befreien, indem man evolutionäre Prinzipien durchbricht, die dazu da sind, uns an die Welt zu koppeln. Ist man in diesem Akt erfolgreich, dann ist man nicht mehr von dieser Welt – so beschreiben es zumindest viele Meister der Meditation.

Hingabe … was so esoterisch, buddhistisch und spirituell klingt, wird auch politisch. Und zwar hat Xi Jinping, seit 2013

Staatspräsident von China, ein offizielles Zwölf-Punkte-Programm mit politischen, gesellschaftlichen und individuellen Zielen für die Zukunft herausgegeben. Neben dem Streben nach Wohlstand und Demokratie soll auch das Individuum künftig mehr gestärkt werden, und so befassen sich die letzten vier Punkte mit individuellen Zielen wie Patriotismus, Integrität, Freundschaft und eben auch Hingabe *(Jìng yè)*. Vielleicht hat Xi Jinping erkannt, wie wichtig Hingabe für die Konzentration ist und Konzentration für Kreativität und Innovation.

Nun aber wird es Zeit für einen Realitätscheck. Es geht in diesem Kapitel nicht um die berühmte Geschichte aus dem Zen-Buddhismus, nach dem der Schüler seinen Meister fragte, was ihn denn vom Meister unterscheide.

Der Zen-Meister hatte geantwortet: »Wenn ich gehe, dann gehe ich. Wenn ich esse, dann esse ich. Wenn ich schlafe, dann schlafe ich.«

Und der Schüler hatte gemeint: »Aber das mache ich doch auch.«

Der Zen-Meister hatte geantwortet: »Wenn du gehst, denkst du ans Essen, und wenn du isst, dann denkst du ans Schlafen. Wenn du schlafen sollst, denkst du an alles Mögliche. Das unterscheidet uns.«

Darum geht es nicht. Denn in unserem Leben ist es unrealistisch, sich allem hingebungsvoll zuzuwenden. Und es ist vielleicht auch gar nicht erstrebenswert, denn dann wäre Archimedes nie zu seinem Heureka-Erlebnis gekommen. Er hatte vor über 2000 Jahren von König Hieron II. von Syrakus die Aufgabe erhalten, dessen Krone zu untersuchen. War sie aus reinem Gold oder durch billigeres Material gestreckt? Die Lösung kam ihm, als er in eine Wanne stieg und dabei Wasser überlief. Die Menge des überlaufenden Wassers steht in direktem Verhältnis zu dem Volumen, das ins Wasser eingetaucht wird, erkannte er plötzlich. Nun musste er einfach die Krone und einen Goldbarren mit demselben Gewicht ins Wasser tauchen. Wenn die Menge des verdrängten Wassers gleich groß ist, ist auch das Material das gleiche, schlussfolgerte er.

Als Buddhist wäre Archimedes diese Erleuchtung nicht gekommen, er hätte vielmehr wahrgenommen, wie sich das Wasser auf der Haut anfühlt und wie sich die Temperatur langsam verändert. Er hätte das bis heute gültige archimedische Prinzip nicht entdeckt, aber dafür intensiver in seinen Sinneserfahrungen gelebt.

Wichtig ist somit beides: sowohl die Hingabe an die Gegenwart als auch das Schweifenlassen der Gedanken, wie in Kapitel 1 und 10 (implizites Denken) zu lesen ist.

Fazit

In diesem Kapitel erkennen wir die Notwendigkeit der Komplementarität, des Sowohl-als-auch. Wenn ich gedankenverloren etwas mache, wie etwa baden, dann kommen die Gedankenblitze. Und wenn ich mich einer Sache hingebe, dann habe ich das größtmögliche Empfinden, das Gefühl, zu leben, ich erreiche höchste Konzentration für Geistesinhalte und Tätigkeiten.

Doch ein buddhistischer Dauer-Eremit, der monatelang herumsitzt und meditiert, gibt sich irgendwann nur noch sich selbst hin, ebenso wie der Patient in der Psychoanalyse, dessen Gedanken jahrelang immer nur um die eigene Person kreisen. Das Problematische daran ist, dass man sich dauernd selbst beobachtet. Hingabe ist auch ein Heraustreten aus der Selbstbeobachtung.

Hingabe an sich selbst ist wichtig, um sich seiner zu versichern, birgt aber auch eine Gefahr, nämlich das Buber'sche »Ich und Du« zu verlieren. In ebensolcher Weise, wie der herumsitzende Eremit egomanisch ist, entfremdet sich sein Gegenpart, der geschäftig herumreisende Manager, völlig von sich selbst. Der nämlich kommt vor lauter Betriebsamkeit gar nicht mehr dazu, sich dem Moment hinzugeben, zu spüren und zu erleben. Er ist getrieben von Zielen, die außerhalb seiner selbst liegen, und verpasst darüber sein eigenes Leben.

Wenn ich mich hingebe, so das Fazit dieses Kapitels, so muss ich berücksichtigen, mich nach einer Zeit auch wieder anderen Dingen zuzuwenden. Die Komplementarität von Stationarität und Dynamik, das Festhalten an einem Bewusstseinsinhalt und das Zulassen eines anderen Bewusstseinsinhalts, ist ein Strukturmerkmal unseres Bewusstseins. Diesen natürlichen Fluss des wechselnden Bewusstseinsstroms kann man durch geistige Fokussierung überwinden; in der Konzentration versucht man, Kontinuität zu erzeugen, dass also das, was jetzt repräsentiert ist, dasselbe bleibt und nicht von etwas anderem abgelöst wird. Und durch Bewusstsein entscheidet man sich, den Zustand der Konzentration wieder zu verlassen und dieses Kapitel zu beenden, um sich nun der Familie zuzuwenden, um sich etwas zu essen zuzubereiten oder um auszugehen.

7 Traut euch, immer einen Schritt weiter zu denken

Wieder einmal hatten sich die beiden Autoren darüber unterhalten, wie man eigentlich richtig lebt und wie nervig diese Menschen sind, die glauben, alles bereits zu wissen.

»Die Menschen geben sich mit schnellen Lösungen zufrieden, sie denken nicht weit genug«, meinte die Autorin.

»Denken wirft einen aus dem Ruder. Als biologisches Wesen geht alles seinen Gang, wir sind eingebettet in die natürlichen Abläufe, das Gehirn will gar nicht nachdenken«, meinte der Autor.

»Also, wenn ich dauernd am Denken gehindert werde, etwa weil es um mich herum laut ist oder niemand da ist, der meine Gedanken aufgreift, dann geht es mir nicht gut«, meinte die Autorin.

»Es gibt verschiedene Vorgänge im Gehirn, die wir als Denken bezeichnen. Das Bestätigungsdenken, von dem sprichst du gerade. Dann das Korrekturdenken, wenn ich mich in einem Problem befinde. Aber die meiste Zeit sind wir doch in dem Zustand der Routinen und der automatischen Abläufe wie Autofahren, Kochen oder gesellschaftliche Gespräche. Da muss einem nichts Besonderes durch den Kopf gehen, es ist alles in Ordnung.«

»Jeder meint zu wissen, was Denken bedeutet. Und jeder meint vielleicht etwas anderes. Darüber müssten wir ein Buch schreiben«, rief die Autorin enthusiastisch.

»Wir haben doch schon so viel geschrieben«, meinte der Autor zweifelnd.

Nun, das Buchprojekt kam dann doch zustande, wie Sie daran erkennen, dass Sie dieses Werk soeben in den Händen halten. Wir sammelten unglaublich viele Ideen, was alles hineingehören sollte. Wir konstruierten einen grafischen Wegweiser, denn es sollte eine richtige Gebrauchsanleitung werden. Wir fingen jede Menge Kapitel an. Aber keines kam zu einem Ende. Wir änderten mehrfach den Titel, löschten großzügig, überarbeiteten Passagen. Aber irgendetwas stimmte mit dem Buch nicht. Es blieb zäh.

Nach über einem halben Jahr haben wir alles verworfen und von vorn begonnen. Das Buch hatte sich einfach nicht »richtig« angefühlt.

»Im Gehirn gibt es offenbar die Antizipation des Erfolgs. Ich nehme die Zukunft vorweg, indem ich mir ein Ziel setze und mich bereits auf das Belohnungsgefühl freue, das sich beim Erreichen des Ziels einstellt«, meinte der Autor und schloss lakonisch: »Wenn man merkt, dass man das Ziel nicht erreichen kann, muss man etwas verändern«.

»Ich kann dir nicht einmal genau sagen, was an dem Buch nicht stimmt«, so die Autorin.

»Das ist ja auch keine bewusste Ebene, auf der sich diese

Denkvorgänge abspielen. Denken ist eine Dienstleistung für die Lösung von Problemen, deren Erfolg man vorwegnimmt. Man fischt herum, dann gibt es einen Einfall, und die Lösung teilt sich mit. Weil sie sich mir mitteilt, kann ich sie auch anderen mitteilen. Manchmal teilt es sich auch nicht in sprachlicher Weise mit, sondern in Form eines Bildes, das man malt.«

»Oder in Form eines stimmigen Manuskripts in einer plastischen Gestalt, das wir aber noch suchen.«

»Wir suchen also, wenn wir denken. Wie komme ich dahin, wo ich hinwollte? Die Aufgabe steht dann im Vordergrund. Das ist dann wie eine Brown'sche Molekularbewegung. Die Gedanken gehen kreuz und quer und heften sich an nichts, es sind Elemente da, aber die Gestalt fehlt noch. Plötzlich fällt der Groschen. Was heißt das? Im Denkprozess hat man eine Lösung gefunden, um wieder ins Gleichgewicht zurückzukommen.«

»Aber genau das ist es doch, unser Thema! Wir schreiben ein Buch über jene Denkvorgänge, die sich jenseits des bewussten Denkens abspielen. Dies sind ja die meisten, und kaum jemand weiß es.«

Und so haben wir unser eigentliches Thema gefunden. Wir legten ein neues Dokument an, verteilten die Aufgaben und legten los. Und in nur zwei Monaten erreichten wir, was uns in den sieben Monaten zuvor nicht einmal ansatzweise gelungen war. Dieses Buch zu schreiben.

Warum setzen wir diese Episode an den Beginn eines Kapitels über das unendliche Weiterdenken? Weil sie die beiden gegenläufigen Prinzipien beim kreativen Prozess anschaulich beschreiben soll. Sich zum einen nicht damit zufriedengeben, was bereits da ist, sondern immer noch einen Schritt weiterdenken. Und zum anderen auch den Mut zu haben, irgendwann zu beschließen, dass das Buch, das Werk, das Projekt jetzt zu Ende ist.

Eine Erkenntnis ist nie abgeschlossen

Alles kann man immer beliebig lang fortführen. Denn eine abgeschlossene Erkenntnis ist eben keine abgeschlossene Erkenntnis. Das hatte sich auch der angehende Professor gedacht, der nun schon seit zehn Jahren an seiner Habilitationsschrift herumdokterte und es besonders gut machen wollte.

»Du müsstest doch langsam alles zusammengeschrieben haben, es wird Zeit, es abzugeben«, wurde er immer wieder ermutigt. Doch es ging einfach nicht. Immer wieder fielen ihm neue Aspekte zu seinem Thema ein, die zugegebenermaßen seine Arbeit bereicherten. Das Werk sollte perfekt werden. Er sah sich in der Tradition Leonardo da Vincis, von dem es heute nur rund fünfzehn unumstritten zugeschriebene Gemälde gibt,[18] und das, obschon sowohl seine Ideen- als auch seine Auftragsbücher dick gefüllt waren. Das kümmerte ihn aber gar nicht, er nahm sich einfach die Freiheit, Aufträge nach seinen und nicht nur nach den Bedingungen des Auftraggebers auszuführen. Auch die Mona Lisa, das vielleicht berühmteste Gemälde der Welt, hatte er an die zehn Jahre immer wieder umgearbeitet. Bei unserem Habilitanden hingegen begann der Perfektionismus sich ad absurdum zu führen. Denn mittlerweile hat er damit begonnen, sein 500 Seiten starkes Werk von vorn wieder umzuschreiben, weil die allerersten Erkenntnisse bereits veraltet sind. Der angehende Professor hat sich in seiner Übergangsepisode dauerhaft eingerichtet. Wahrscheinlich muss man sich diesen Sisyphos, frei nach Camus, als einen glücklichen Menschen vorstellen.

Natürlich möchten wir etwas Perfektes. Aber wir möchten auch, dass etwas abgeschlossen und nach draußen gegeben wird. Oder stellen Sie sich vor, der Koch eines Restaurants kommt zu Ihnen an den Tisch und arrangiert noch schnell das Essen auf dem Teller um, rührt ein zusätzliches Gewürz in die Soße hinein oder nimmt den Teller gleich noch einmal zurück in die Küche. Sie würden denken, der habe doch nicht alle Tassen im Schrank. Oder darüber lachen, wie über Evelyn Hamann im Sketch mit Loriot, in dem bis zum Schluss die Frage nicht geklärt werden konnte, ob sie nun das blaue, das grüne oder das rote Kleid anziehen soll, und sie deshalb viel zu spät zum Opernbesuch erscheinen. Von Marilyn Monroe ist überliefert, dass sie nur kurz ins Badezimmer ging, um sich zu erfrischen, und eineinhalb Stunden später immer noch drin war.

»Kein Bild wird jemals fertig«, so meinte einmal Pablo Picasso.[19] Denn während man daran arbeitet, verändert es sich im gleichen Maße wie die Gedanken des Künstlers. Der entdeckt immer irgendeinen Fehler, irgendein Pinselstrich ist nicht perfekt, irgendeine Formulierung nicht hundertprozentig zutreffend, und irgendetwas ist auch immer wieder komplett anders zu machen. Wie man damit umgeht, ist allerdings unterschiedlich. Leonardo da Vinci hatte seine Werke sehr lange zurückgehalten, bis er sie aus seinen Händen gab. Den produktiven Picasso hingegen hatte das Unfertige nicht daran gehindert, irgendwann einfach zu beschließen, dass ein Kunstwerk jetzt doch fertig sei.

Menschen haben unterschiedliche Schwellenwerte, an denen sie dazu bereit sind, etwas in die Welt zu geben. Einige sind oberflächlicher und schmeißen etwas früh hinaus, andere sind perfektionistisch, bei ihnen muss alles sitzen. Doch bei beiden Typen ist es schließlich ein Belohnungsgefühl, das einem bewusst macht, dass etwas fertig ist – und das einen in Hochschwingung versetzt. Dahinter steckt das Reafferenzprinzip.

Ein Ziel zu erreichen macht glücklich

Wann immer wir etwas tun – sei es eine kurze Bewegung, eine längere Zeit in Anspruch nehmende Handlung, ein langfristiger Plan, den es zu verwirklichen gilt –, werden zwei parallele Prozesse im Gehirn in Gang gesetzt. Erstens wird die Aktion gestartet (Efferenz), doch zweitens wird gleichzeitig das Programm als Kopie gespeichert (Efferenzkopie). Hierdurch werden zwei Dinge gleichzeitig erledigt: Das Gehirn ist mit einem Monitoring-System ausgestattet, und mit einem weiteren Mechanismus wird festgestellt, wann etwas zum Abschluss gebracht wurde. Im Verlauf der Aktion gibt es Rückmeldungen von den Sinnessystemen (Reafferenz), die jeweils mit der gespeicherten Efferenzkopie verglichen werden. Man weiß also, wie weit man schon gekommen ist. Und wenn schließlich die Reafferenz der Efferenzkopie entspricht, dann wird ein Signal gegeben, dass etwas zum Abschluss gebracht wurde. Das Gefühl, das sich dann einstellt, ist das, was man Zufriedenheit nennt. Oder gar Glück. Das Glück, etwas vollbracht, etwas erfolgreich abgeschlossen, etwas zu Ende gebracht zu haben.

In dem Glück möchten wir gern verharren. Einmal gefundene Erkenntnisse stellen wir ungern wieder infrage, sondern es ist uns lieber, in die Gewissheit einzutauchen, etwas nun zu wissen. Würden wir uns an dem Punkt zufriedengeben und glauben, die endgültige Weisheit gefunden zu haben, hingen wir einem Dogma an, einem vermeintlich unumstößlichen Glaubenssatz, den etwa Lehrstühle für Dogmatik in den Religionen permanent zu festigen suchen, was sich aber auch Internate, Institutionen und Parteien zunutze machen. Dogmen nehmen einem das mühsame Selbstdenken ab und betten Menschen in ein System ein, das die wichtigen Antworten gefunden zu haben scheint. Damit spenden sie die Illusion, in einer geordneten Welt zu leben. Sie berauben uns aber auch der Freiheit, selbst weiterzudenken. Aufbruch und Kreativität sind nur möglich, wenn wir aus dem Dogmatismus heraustreten und einmal auch das Bestehende in Zweifel ziehen. Denn Dogmen irren auch und können somit gestürzt werden – wie durch Galileo Galileis Erkenntnis, dass die Erde sich um die Sonne dreht.

Es ist ein aktiver Mechanismus des Gehirns, etwas abzuschließen. Etwas zu perfekt abzuschließen ist hingegen denkbehindernd. Das Gegenteil davon, etwas gar nicht abzuschließen, ist handlungsbehindernd und auch eine Störung. Eine andere Art von Abschließungsproblem haben Menschen mit einem obsessiv-kompulsiven Verhalten beziehungsweise einer Zwangsstörung: Sie schließen die Tür und wissen es kurz darauf nicht mehr, sodass sie wieder zurückgehen und sich dessen immer noch einmal vergewissern. Die Rückmeldung, etwas abgeschlossen zu haben, funktioniert bei manchen nicht. Menschen mit einer Adipositas erhalten durch Fehlprägungen beim Erlernen des Essens kein Signal der Sättigung. Aber wann ist ein sexueller Akt abgeschlossen? Irgendwann reicht es dann eben, und dann ist es eine subjektive Entscheidung zu sagen, dass jetzt Schluss ist. Vielleicht wurde der Orgasmus auch einfach als Zeichen für den Abschluss »erfunden«? Menschen mit einer Adipositas wiederum können mit dem Essen nicht abschließen.

Natürlich ist immer alles nur vorläufig, auch ein Forschungsergebnis. Nehmen wir ein Beispiel aus der Forschung von Ernst Pöppel. In den siebziger Jahren hatte er entdeckt, dass manche blinde Menschen unbewusst etwas sehen können. So der Proband, der nach einem Schlaganfall ein stark eingeschränktes Gesichtsfeld hatte und mit beiden Augen auf der jeweils rechten Seite blind war. Aber wenn er im blinden Gesichtsfeld ein Lichtsignal erhielt, schaute er dorthin. Wie wusste er, wo das Licht herkam, wenn er es doch nicht sah? Ist es ein Irrtum oder ist es Blindsehen?[20] Letzteres wurde bestätigt und ließ sich auch auf Farben, bestimmte Muster und Buchstaben erweitern.

Dies ist an und für sich schon aufsehenerregend. Doch heute erst wird klar, dass ein bestimmter Bereich, nämlich der visuelle Cortex, nicht nur für die Verarbeitung der visuellen Informationen, sondern auch für das bewusste Sehen zuständig ist. Das könnte einen weiteren Puzzlestein zur Beantwortung der Frage bedeuten, wie eigentlich das Sehen funktioniert, und noch mehr, wie überhaupt das Bewusstwerden zustande kommt.

So ist eine wissenschaftliche Forschung nie zu Ende, selbst wenn Ergebnisse bereits in Büchern stehen und zum Kanon des Wissens gehören. In abstrakten Wissenschaften wie der Mathematik mag das anders sein, ein bewiesener Satz hat dort den Anspruch auf universale Gültigkeit. In lebendigen Wissenschaften aber gilt, dass Erkenntnisse veränderbar sind. Und damit müssen wir umgehen lernen.

Auch wenn die Aussage aus dem vorherigen Abschnitt dazu ermutigen könnte, immer noch einmal über etwas weiterzudenken, sich nicht mit dem Vorläufigen zufriedenzugeben, so widerstrebt uns das auch. Wir wollen erkennen, »was die Welt im Innersten zusammenhält«, spricht uns Goethe im *Faust* aus der Seele. Wir mögen keine halben Erkenntnisse. Wir wollen das erhebende Belohnungsgefühl, dass etwas so und nicht anders ist. Wir wollen auch keine unerledigten Arbeiten mit uns herumtragen, sondern etwas abschließen.

Dieses Kapitel ist somit ein einziges Einerseits-andererseits und lädt dazu ein, zwischen zwei unterschiedlichen Polen zu einer Homöostase, einem Gleichgewicht zu finden. Einerseits ist ein Aufhören – zu denken, zu tun, zu vervollkommnen – schlecht, weil etwas dann nicht weitergeht. Und andererseits müssen wir genau das tun, um leben zu können.

Fazit

Das Leben ist ein dynamischer Prozess, in dem immer alles weitergeht. Und insofern gibt es auch für unsere Arbeiten und Erkenntnisse eigentlich nur Zwischenlösungen. Wir setzen uns ein Ziel, erreichen dies, kassieren unsere Glücksmomente … und machen weiter. Und so wichtig wie das Weiterdenken ist das Aufhören. Denken ist eine Dienstleistung für das Handeln. Denken ist ja kein Selbstzweck an und für sich. Wir denken, um eine Lösung zu finden, und die Lösung setzen wir dann um. Und um etwas umzusetzen, müssen wir irgendwann zu einem Schluss kommen.

Aufhören ist auch deswegen wichtig, um ein Werk anderen zur Begutachtung zu überlassen, seien es Forschungsergebnisse, seien es Kunstwerke. Es ins Publikum zu schleudern, wie es Churchill als letzte Entstehungsstationen eines Buchs beschrieben hatte. »Ein Buch zu schreiben ist ein Abenteuer. Damit zu beginnen ist ein Spiel und ein Vergnügen. Dann wird es zu einer Gebieterin, dann zu einem Meister, dann zu einem Tyrannen. In der letzten Phase dann, wenn du dich gerade mit deiner Knechtschaft abfindest, wird es Zeit, das Monster zu töten und es in die Öffentlichkeit zu schleudern.« Oder im Original: »Writing a book is an adventure. To begin with it is a toy and an amusement. Then it becomes a mistress, then it becomes a master, then it becomes a tyrant. The last phase is that just as you are about to be reconciled to your servitude, you kill the monster and fling him to the public.«[21]

Denn selbst wenn ein Kunstwerk fertig ist, so noch einmal Picasso, verändert es sich immer weiter, nämlich durch den jeweiligen Gemütszustand des Betrachters.[22]

8 Traut euch, die Bedeutung der Langeweile zu erkennen

Dauerhaft nichts zu tun zu haben und wenn, dann nur monotone Arbeit, für die man seinen IQ an der Eingangspforte abgeben kann, das ist der Inbegriff von Langeweile. Sie ist in Büros zu Hause, in Schulen, am Fließband, in Callcentern, in Krankenhauszimmern und in Gefängniszellen. Sekunden ziehen sich wie Minuten und Minuten wie Stunden. Es kostet unendlich viel Kraft, sich nicht von der bleiernen Langeweile in die Tiefe ziehen zu lassen. Ist man von der Langeweile überfordert, leidet man an Bore-out, dem Gegenstück zum Burnout. Dabei geht es nicht um das süße Nichtstun, sondern um das Gefühl, ohne Ziel dahinzuvegetieren und nicht gebraucht zu werden. Wie anstrengend!

Jedenfalls bedeutend anstrengender, als wenn es eine zielgerichtete Aufgabe zu erledigen gäbe. Sie können es sich nicht vorstellen? Doch, denn Sie merken ja, wie sehr Sie ein durch und durch langweiliger Tag schlaucht. Und wie kräfteraubend eine öde Party ist, auf der nur langweiliger Smalltalk ausgetauscht wird. Auch die ersten zehn Minuten im Hirnscanner, wenn Sie etwa als Proband oder Probandin darauf warten, dass der Versuch endlich beginnt, ist bedeutend anstrengender für das Gehirn als die anschließende Denkaufgabe. Reglos muss der Proband im Hirnscanner ausharren, die Umgebung ist fad, und es gibt für ihn nichts zu tun, während die Maschine die Ruheaktivität bestimmt. Von wegen Ruhe. In dieser Langeweile wird eine erstaunlich hohe Hirnaktivität verzeichnet, das Gehirn ist überall aktiviert, denn es sucht sich verzweifelt eine Aufgabe, um sich zu beschäftigen.

Während es implizit nach etwas Neuem sucht, verbraucht das Gehirn viel Energie. Dagegen gäbe es im Prinzip nichts einzuwenden, wenn der Vorgang nicht so frustrierend wäre. Denn wir erhalten dabei kein Belohnungsgefühl, weil es ja kein vorweggenommenes Ziel gibt. Denken Sie an das Reafferenzprinzip (Kapitel 7). Erst wenn das Jetzt und das Später mit einem Ziel miteinander verbunden werden und das dann auch erreicht wird, gibt es zur Belohnung Dopamin aus dem Nucleus accumbens, dem Belohnungszentrum. In der Langeweile gibt es kein Ziel, deswegen auch kein Reafferenzprinzip und somit kein Dopamin. Es entfällt auch der schon zuvor herrschende angenehme Zustand der freudigen Erwartung, wenn wir die Belohnung gedanklich vorwegnehmen, was sich durch ein leichtes inneres Kribbeln oder eine aufgeregte Spannung bemerkbar macht. Nirgends erkennen wir besser als am Zustand der Langeweile, welche Bedeutung Dopamin als die Triebfeder schlechthin im menschlichen Leben besitzt. Ohne die Aussicht auf ein Belohnungsgefühl sind wir unmotiviert, und jeder Handgriff, jeder Gedankengang wird zäh und kräfteraubend.

Das Dumme ist: Die Langeweile lauert überall. Das liegt in unserer Natur, denn für die meisten Aufgaben des Lebens sind wir mit unserem hochgezüchteten Gehirn überqualifiziert. Während der Entwicklung zum Menschen haben wir zu viel Großhirn erhalten, das wir gar nicht alles für das tägliche Leben benötigen. In diesem Sinne sind wir in der Natur eine Ausnahme, die übrigen Tiere kommen mit ihrem Hirn gut zurecht. Es ist sogar vielmehr so, dass Lernen Nachteile mit sich bringen kann. Wenn Tiere etwas Neues lernen, etwa eine neue Futterquelle erschließen oder ein neues Terrain erkunden, kann das auch schiefgehen und das Leben kosten. Etwas Neues auszuprobieren kostet zudem Zeit; im Wettstreit um knappe Ressourcen können die Lebewesen, die nicht einfach den direktesten Weg beschreiten, oftmals das Nachsehen haben. »Der dümmste Bauer hat die dicksten Kartoffeln«, sagt das Sprichwort dazu. Neues auszuprobieren ist nur dann sinnvoll, wenn wir entweder mit dem Rücken an der Wand stehen oder wenn der Benefit überaus groß ist oder das Risiko überschaubar klein.

Mit dieser Problematik hat sich der Utrechter Verhaltensforscher Simon Reader befasst und ist zu dem Schluss gekommen: »Nur wenn sich das Lebensumfeld sehr schnell ändert, ist individuelles Lernen die beste Strategie, um damit klarzukommen. Bereits bei mäßig schnellen Änderungen zahlt es sich aus, nicht selbst zu lernen, sondern sich das Neue von den Artgenossen abzuschauen, also sozial zu lernen. Und wenn sich das Umfeld nur langsam umgestaltet, sind vererbte Instinkte optimal.«[23]

Wird Intelligenz als alleiniges Erfolgsrezept in der Evolution überschätzt? Ist der intelligente, kreative und lernbegierige Mensch ein Irrweg in der Evolution? Zahlen wir jetzt für den Irrweg, weil wir unseren Kopf ununterbrochen beschäftigen oder ablenken müssen, damit er nicht intern Amok läuft? Möglicherweise. Jedenfalls sind Menschen auf viele verschiedene Arten und Weisen dabei, der bleiernen Langeweile zu entkommen.

Die Schattenseite der Intelligenz

Zeitvertreib, Hobbys, Spleens, Steckenpferde – was wir uns alles ausdenken, nur um unser Hirn zu beschäftigen. Wir staunen über etwas, hinterfragen es oder wollen es verbessern. Wir tüfteln, basteln, entwerfen Konzepte, erfinden Sachen, entwickeln Technologien. Wissenschaft und Kunst sind somit ebenfalls Kollateralschäden unseres überqualifizierten Gehirns.

Aus Langeweile fangen wir sogar an, existenzielle Fragen zu stellen, und entdecken die Sinnlosigkeit des menschlichen Seins. Daraus entstehen Sinnsimulationen wie Religionen, Sekten und Patriotismus. In ihrem Namen geben sich Menschen dazu her, für etwas völlig Abstraktes zu kämpfen: im Namen der Vaterlandsliebe, der Gottesliebe oder auch nur, um einen sogenannten »Islamischen Staat« aufzubauen oder zu verteidigen. Eigentlich ist das alles völlig unnötig: Sich künstlerisch oder wissenschaftlich oder politisch oder religiös zu beschäftigen schafft neue Probleme, da man das Gesamtsystem ändert, in dem man lebt.

Und trotz all dieser Bemühungen bleibt manchen Menschen immer noch ein Rest an Langeweile: Sie benutzen Alkohol und andere Drogen, um sich runterzuregulieren und auf diese Weise in den Zustand der stillvergnüglichen Zufriedenheit zu kommen.

Oder sie verfallen aus Angst vor Langeweile in Hektik, bis sie sogar selbst daran glauben, dass all die vielen Erledigungen, die sie tagtäglich leisten, so überaus lebenswichtig seien. Auf allen Ebenen fordern diese armen Menschen sich zugleich: auf jede SMS- und WhatsApp-Nachricht sofort antworten, den Bausparvertrag abschließen, die Reparatur des Autos in Auftrag geben, den besten Kindergarten heraussuchen, den Sommerurlaub buchen, neue Vorhänge für die Wohnung auswählen, und das alles am besten in einer Stunde, denn für die nächste wartet schon das weitere Programm. Wir erledigen alles immer schneller auf Kosten von Pausen und Muße.

So haben wir natürlich gar keine Zeit für Langeweile. Unser Gehirn schaltet in den Erledigungsmodus, gebraucht sein Kurzzeitgedächtnis und fokussiert sich auf das, was gerade zu tun ist. Aber nicht mehr auf uns selbst. In gewisser Weise ist das wohl der Sinn des Ganzen. Wir entfremden uns von unserem Körper und unserem Wesen. Wir bekommen von der Außenwelt nur noch Oberflächlichkeiten mit, nehmen nicht mehr genau wahr, hören nicht mehr intensiv zu.

Hektik und Langeweile wirken zunächst wie Gegensätze: In Hektik gelebt, vergehen die Tage zwar schnell, im

Rückblick bleibt jedoch kaum etwas haften. Denn ein Manager beispielsweise, der für seine Firma ständig kleine und große Entscheidungen treffen muss, erledigt pausenlos. Ihm bleibt wenig Selbstzeit übrig für Aktionen, die ihm wirklich wichtig sind.

Monotonie hingegen lässt die Zeit unendlich lang erscheinen. Stunden am Fließband oder Jahre im Gefängnis wollen einfach nicht vergehen. Aber in der Rückschau betrachtet bleibt uns ebenfalls keine Erinnerung an die verbrachte Lebenszeit. Dies hat damit zu tun, dass Langeweile meist in einer reizarmen Umgebung stattfindet. Wir erleben nichts, das Gehirn erhält keine Ereignisse oder Aktionen, die es speichern kann.

Sich nicht ständig berieseln lassen

Gehen wir noch einmal eine Stufe zurück: Langeweile ist ein Anzeichen dafür, dass wir nicht gemäß unserer Natur leben. Und es gibt verschiedene Arten, ihr zu entfliehen. Insofern ist es gut, die Langeweile einmal wahrzunehmen und in sie hineinzuspüren, ohne direkt in hektische Betriebsamkeit zu verfallen. Und da wir nicht dazu gemacht sind, Langeweile zu ertragen, wird uns etwas einfallen. Das geht allerdings nicht, wenn wir auf jeder langweiligen S-Bahn-Fahrt sofort aufs Smartphone schauen und blindlings herumgoogeln oder Statements von Facebook-Freunden kommentieren. Soziale Medien sind auch eine Art von Langeweile-Vertreibern, die uns allerdings nicht dazu anregen, die Eigeninitiative zu entdecken. Wenn wir das hektische Vertreiben von Langeweile gewohnt sind, dann kann es eine Zeitlang dauern, bis wir die Erfahrung machen, dass unserem Gehirn bei Langeweile schon von selbst etwas Kreatives einfällt. Deswegen ist es zum Beispiel auch wichtig, Kinder nicht ständig von außen zu berieseln und zu stimulieren. Nur so machen sie irgendwann die Erfahrung, dass sie ja selbst die Initiative aufbringen können, der Trägheit zu entfliehen, indem sie kreativ werden.

Den Autoren ist durchaus bewusst, dass wir für diesen Vorgang einen persönlichen Gestaltungsfreiraum benötigen. In der sozialen Umgebung, im Gefängnis, im Krankhaus, an manchem Arbeitsplatz hat man diesen Gestaltungsfreiraum meist nicht. Doch eigentlich müssten wir den Mut oder die Möglichkeit haben, dem Chef oder dem Langeweiler auf der Party zu sagen: »Ich habe mir das hier nun lange genug angetan, ich gehe jetzt, denn du unterforderst mich massiv.« Und vielleicht ist uns dies häufiger möglich, als wir uns zugestehen, denn ein solches Handeln erfordert Mut.

Doch eigentlich sollte es so sein. Am Ende eines intensiv gelebten Tages oder Lebens wirkt die Zeit länger, voller, erfüllter als die Zeit in Langeweile und Ödnis. Wer nichts erlebt (aufgrund von Langeweile oder Hektik), reichert keine inneren Bilder an. Er verarmt innerlich und hat dann das Gefühl, dass das Leben an ihm vorüberzieht. Die intensiv erlebten Momente unseres Daseins werden langfristig in Form von inneren Bildern im episodischen Gedächtnis abgespeichert. Und daran soll uns die Langeweile ermahnen.

Da wir es oft nicht in der Hand haben, unseren Arbeitsalltag spannend und unlangweilig zu gestalten, ist es umso notwendiger, dass dies zumindest in der freien Zeit geschieht.

Zunächst einmal geht es darum, den Tag bewusst als eine Einheit zu entdecken. Dann fällt es leicht, jeden Tag ernst zu nehmen und ihn zu inszenieren. Wie wird der Tag gestaltet? Wollen wir ihn einfach nur vorbeifließen lassen, damit auch er wieder im öden Einerlei versinkt, oder wollen wir ihm eine Struktur geben? Auch wenn es immer etwas »zu erledigen« gibt, darf Leben nicht darin bestehen, nur noch Dinge »abzuhaken«, sondern uns jeden Tag etwas vorzunehmen, was uns beglückt. Und das kann natürlich auch darin bestehen, einfach mal nach der Arbeit im Sessel zu sitzen und nichts zu tun, sofern es das ist, was man gerade »tun« möchte. Muße zu haben. Barmherzigkeit beginnt bei uns selbst, wie ein amerikanisches Sprichwort sagt: »Charity begins at home.« Wenn wir gut zu uns selbst sind, können wir es auch für andere sein.

Und so wollen wir mit dem Philosophen Kierkegaard schließen, der meinte: »Wenn man nicht faul sein kann und einfach mal nichts tut, dann ist man nicht würdig, ein Mensch zu sein.«

Fazit

Das Gehirn ist ein Ort der Mitte. Wird es Extremen ausgesetzt, kann das zum Ausbruch führen. Konsumieren von Drogen, Herumhasten, das alles ist ein Ausdruck der verpassten

Mitte und sagt uns zum Beispiel, dass wir uns langweilen. Wenn wir träge bleiben, verharren wir in der Einstellung, um Gottes willen nichts zu ändern, und warten sozusagen dem Tode entgegen, während wir im dumpfen Sein der Ichbezogenheit versinken. Langeweile ist eine Verschwendung der Zeit, aber es gehört Überwindung der Trägheit dazu, um auch die Langeweile zu überwinden. Doch dann ist sie dazu in der Lage, uns zu neuen kreativen Aspekten des Lebens hinzuführen.

9 Traut euch zu sterben

Dieses Thema ist derzeit hochinteressant durch die Islamisten, die Selbstmordattentate verüben, weil sie meinen, danach sofort ins Paradies zu kommen. Deswegen möchten wir es gleich am Anfang deutlich machen: Damit hat dieses Kapitel nichts zu tun. Und im Übrigen sind die Selbstmordattentäter auch nicht einmal besonders mutig in der Ausübung ihrer Tat. Sie machen es vielmehr einfach und werden getragen von der vorweggenommenen Vorstellung ihrer Belohnung.

Wir möchten mit diesem Kapitel vielmehr sagen: Traut euch, euch darauf vorzubereiten, dass das Leben ein Ende hat. Gebt euch nicht der Illusion hin, selbst davon verschont zu werden. Benutzt vielmehr euer Leben, um einen Reifeprozess zu durchlaufen, damit es am Lebensende kein Verzweifeln über die Unausweichlichkeit des Todes gibt.

»Aber ist es denn jetzt wirklich notwendig, über den Tod nachzudenken?«, mögen Sie sich nun fragen. »Der kommt doch früh genug, warum mich also damit belasten?« Für diese Haltung sprechen berechtigte Argumente. Etwa dass man an seinem Schicksal ohnehin nichts ändern kann und es deswegen doch sinnvoller ist, das Leben unbeschwert zu leben, so wie es auch Gigerenzers Truthähne gedacht haben mögen. Denen ging es richtig gut. Es waren genügend Menschen um sie herum, die ihnen einfach nur das Leben schön machten, ihnen regelmäßig Futter gaben und sie vor Gefahren schützten. Ihre gesamte bisherige Erfahrung erlaubte den Truthähnen die Vorhersage, dass es ewig so weiterginge, weswegen sie sich auch keine Sorgen machten. Bis dann plötzlich ein singuläres Ereignis wie Thanksgiving eintrat … Aber hätten die Truthähne ihr Schicksal aufhalten können, wenn sie sich mit den Gedanken an den Tod das Leben schwer gemacht hätten?

In der Welt gibt es genau diese beiden fundamentalen Modi: Zum einen ein Existieren im »Vergessen des Seins«. Und zum anderen gibt es ein Existieren im »Bewusstsein des Seins«, differenziert Heidegger in *Sein und Zeit.*[24] Gigerenzers Truthähne leben im »Vergessen des Seins«, ebenso all die Menschen, die einfach nur pragmatisch ihren Alltag meistern und versuchen, damit irgendwie klarzukommen, was natürlich auch so sein muss. Doch wer schon einmal dem Tod nahe war, gewinnt die zweite Komponente hinzu, beschreibt es etwa der Psychotherapeut Irvin Yalom.[25] Er zitiert Aussagen von Selbstmordwilligen, die von der Golden Gate Bridge sprangen und überlebten. Diese Aussagen zeigten, dass der Sprung in den Tod ihre Ansichten über das Leben verändert hatte: »Mein Lebenswille hat sich eingestellt«, »Mein ganzes Leben ist wiedergeboren«, »Ich bin aus alten Pfaden ausgebrochen«, »Ich spüre, dass ich Gott liebe, und möchte etwas für andere tun«, »Ich war erfüllt von einer neuen Hoffnung und einem neuen Zweck des Lebens. Es geht über das Verständnis der meisten

Menschen hinaus«. Sechs von zehn Überlebenden hatten sich so oder ähnlich geäußert.

Der Einfluss des Todes auf das Leben

Es gibt unzählige Untersuchungen, die zeigen, dass Menschen, dem Tode nahe, danach ein verändertes Bewusstsein vom Leben besitzen, etwa eine Fähigkeit, im Augenblick zu leben und jeden Moment zu genießen, wenn er vorbeikomme, so schreibt der Arzt Dr. Russell Noyes im Jahr 1980, nachdem er in einer Initialstudie 200 Personen mit todesnahen Erfahrungen untersucht hatte. Von denen haben anschließend immerhin 23 Prozent über neu bewertete Prioritäten und eine veränderte Lebenseinstellung berichtet. Viele von ihnen erkannten zudem, dass ihr Mitgefühl zugenommen habe und sie mehr menschliche Orientierung besäßen als vorher.

Ein Wissen vom Einfluss des Todes auf das Leben hatte auch Leo Tolstoi, als er seine Geschichte *Der Tod des Iwan Iljitsch* (1886) schrieb.[26] Iwan Iljitsch war zeitlebens ein engstirniger Bürokrat gewesen, aber nun an einem außergewöhnlich schmerzhaften Krebsleiden erkrankt. Obwohl dem Tode geweiht, bringt Iwan es doch nicht fertig zu sterben. Vor allem hält er an seiner Meinung fest, er habe in seinem Leben alles richtig gemacht, die aber ein ehemaliger Schulfreund und seine Ehefrau nicht teilen. Sie wünschen sich vielmehr beide heimlich den Tod Iwans herbei. Dann irgendwann, als die Qualen besonders stark werden, kommt Iwan Iljitsch die Einsicht, dass er sein Leben vielleicht doch verwirkt haben könnte, weil er den falschen Zielen nachgelaufen war und die richtigen nicht zugelassen habe. »Ihm kam der Gedanke, dass die von ihm kaum bemerkten Neigungen, sich gegen das zu wehren, was von den Hochgestellten des Lebens hochgehalten wurde, jene kaum merkbaren Neigungen, die er stets sofort unterdrückt hatte, wirklich berechtigt waren und dass alles andere nichts war.« Nun will er es wenigstens einmal im Leben gut machen und auf seine innere Stimme hören. Diese sagt ihm, dass er jetzt sterben solle, um seinen Angehörigen ein weiteres Betrachten seines Todeskampfes zu ersparen. »Und plötzlich war ihm klar, dass das, was ihn quälte und nicht aus ihm herauswollte, auf einmal herausging von zwei Seiten, von zehn Seiten, von allen Seiten. Sie taten ihm leid, er musste etwas tun, dass sie nicht mehr zu leiden brauchten; er musste sie retten und sich selber von den Leiden retten.« Und so konnte er loslassen und endlich sterben.

Geschichten vom rechten Sterben berühren die Menschen jeden Alters. Nicht nur die alte Tolstoi-Geschichte, sondern auch Bestseller der letzten Jahre sprechen dafür, wie etwa der Jugendroman *Bevor ich sterbe* von Jenny Downham,[27] in dem die Autorin aus der Sicht der sechzehnjährigen leukämiekranken Tessa beschreibt, wie das Bewusstsein, dass sie bald stirbt, langsam von ihr Besitz ergreift und sie verändert. Oder das bezaubernde Buch von Bronnie Ware: *5 Dinge, die Sterbende am meisten bereuen.*[28] Die junge Palliativkrankenschwester Bronnie berichtet von den letzten Monaten der Sterbenden und von vielen berührenden Gesprächen mit ihnen. In denen hatte kein Einziger etwa gesagt: »Oh, wie sehr bedaure ich es, nicht noch mehr gearbeitet oder noch mehr Geld gescheffelt zu haben.« Aber was die Menschen wirklich bereuten, war, dass sie sich nicht selbst treu gewesen waren, dass sie nicht genug auf ihre innere Stimme gehört, dass sie ihren Gefühlen nicht mehr Ausdruck verliehen hatten, den Kontakt zu Freunden oder zur Familie verloren oder sich nicht mehr Freude gegönnt hatten.

Dies gibt uns gute Hinweise für die Frage, wie wir uns denn auf den Tod vorbereiten könnten.

Jeden Tag gut inszenieren

Eine sehr gute Methode, um zu prüfen, ob wir richtig leben, gelingt mit einer allabendlichen Introspektion, bei der versucht wird, die Bilder des Tages vor das geistige Auge zu holen. Wollen an einem Abend gar keine inneren Bilder entstehen, ist das ein alarmierendes Anzeichen dafür, dass der aktuelle Tag nicht gut inszeniert wurde. Dass wir ihn vielleicht in Langeweile oder in Hektik verbracht haben, sodass es keine intensiven ichnahen Momente gab. Wenn dies häufiger passiert, wäre dies ein Hinweis darauf, dass man das eigene Leben ändern sollte.

Aber wie gelingt uns dies? »Du musst dein Leben ändern[29]«, das klingt so schön als Imperativ und als Buchtitel, aber wie setzen wir es um? Vielleicht indem wir uns zunächst einmal ganz ohne Illusionen Gedanken über das Leben machen. Sie kennen Voltaires Candide, dem unglaublich viel Schlimmes passiert ist, wodurch dem von Leibniz glorifizierten Motiv von der besten aller möglichen Welten ein Realitätsstempel aufgedrückt wurde. Und trotzdem geht Candide am Ende des Lebens hin, gealtert und durch das Unglück gezeichnet, um seinen Garten zu bestellen, zusammen mit der Liebe seiner Jugend, die nun aber durch ebensolche Schicksalsschläge hässlich und grässlich geworden ist und mit der er nur noch aus der damaligen Verbundenheit heraus endlich zusammen ist. Ein unglaublich schönes und treffendes Bild vom »Sinn« unseres Lebens: weitermachen, obwohl es nicht leicht ist. Nicht verzweifeln an den Ungerechtigkeiten des Lebens. Denn wer sagt denn, das Leben sei dazu da, damit es uns gutgeht und wir glücklich sind? Wahrscheinlich leben wir tatsächlich in der besten aller möglichen Welten, und das ist auch angesichts von Leid, Not, Gewalt, Hunger und Zerstörung genau so gemeint. Leben ist ein evolutionärer Prozess, von dem sind wir durch unser Denkvermögen nicht ausgenommen, wir sind nur dazu in der Lage, jetzt darüber zu meditieren.

Wenn wir uns nun also schon einmal von der Vorstellung lösen, wir hätten Anspruch auf Glück, ist das ein erster Schritt auf einem guten Weg, um sich von weiteren Illusionen zu lösen. »Traut euch zu sterben« bedeutet metaphorisch auch: »Traut euch, Abschied zu nehmen und etwas hinter euch zu lassen.« Menschen, die nichts wegschmeißen können, ersticken nahezu in ihren Dingen, auch wenn sie sich der Illusion hingeben, sie alle zu benötigen. Menschen, die sich nicht von unglücklichen Episoden in ihrem Leben trennen können, tragen diese wie eine offene Wunde lebenslang mit sich herum, und die Illusion besteht darin, dass man nicht die Freiheit habe, sich von Anhaftungen zu verabschieden.

Aber wie trennt oder löst man sich eigentlich? Wir sind ja keine Computer und haben keine eingebaute Löschtaste. Doch wir können zunächst einmal physisch von etwas weggehen und hoffen, dass die Zeit alles heilt. Ganz so leicht ist das freilich nicht, denn das episodische Gedächtnis, das die bedeutsamen Bilder unseres Lebens aufbewahrt, wird diese nicht so leicht hergeben, dafür sind sie zu sehr im Gehirn verankert. Doch wir können uns dazu entscheiden, diese Erinnerungsbilder, die wir vergessen wollen, nicht immer wieder hervorzuholen, weil jedes neue Betrachten der alten Erinnerungen ein neues Einspeichern und Verfestigen der inneren Bilder zur Folge hat. Allerdings dürfen wir uns auch nicht der Illusion hingeben, wir können nach dem Ende einer schmerzhaften Beziehung mit einem anderen Partner oder einer anderen Partnerin »noch einmal ganz von vorn anfangen«. Dieses »Ganz von vorn« gibt es nicht, weil wir die Erinnerungen an eine alte Partnerschaft nicht einfach aus uns herausreißen können, sie ist ja Teil unseres Selbst geworden.

Doch wir können uns dafür entscheiden, dem Neuen eine Chance zu geben, und hoffen, dass neben den alten emotionalen Erinnerungen neue emotionale Bilder eingespeichert werden. Träume geben hier übrigens Signale, wenn man mit einer Sache noch nicht fertig geworden ist.

Wahrscheinlich wird es nie fertig, was wir uns vornehmen, wie wir es auch in Kapitel 7 gesehen haben. Sich lösen heißt also vor allem, dem anderen, dem Neuen bewusst eine Chance zu geben. Und im Falle des Todes mag es auch bedeuten, seinen Freunden und Angehörigen deren Freiheit zurückzugeben.

Etwas nicht zu besitzen macht es wertvoll

Und hier sind wir an einem weiteren Aspekt des Todes: sich darauf vorbereiten. Als den Suizidwilligen, von denen wir eingangs sprachen, bewusst wurde, sie sind jetzt drauf und dran, ihr Leben zu verlieren, wurde es ihnen plötzlich wichtig. Sigmund Freud schrieb während des Ersten Weltkriegs in *Zeitgemäßes über Krieg und Tod,*[30] dass der Krieg den Tod wieder in das Leben brachte, mit einer erstaunlichen Konsequenz: »Das Leben wurde in der Tat wieder interessant, es hat wieder seinen vollen Inhalt erhalten.« Wenn man etwas nicht besitzt, möchte man es haben. »Mein Haus, mein Auto, mein Boot«, in dem bekannten Werbespot der Sparkassen aus den neunziger Jahren zückt der erfolgreichere der beiden ehemaligen Klassenkameraden die entsprechenden Fotos hervor – und der andere wird neidisch und will es auch haben. Probanden einer Studie wurden sogar allein dadurch neidisch aufeinander, weil der eine nur einen trockenen Keks, der andere aber einen Schokoriegel bekam. Wahrscheinlich geht es dabei nicht um den Wert der Belohnung oder des Besitzes an und für sich, sondern um die Sekundäreffekte: Ich fühle mich unterlegen, wenn ich weniger habe. Und ich befürchte, dass sich der andere überlegen fühlt.

Ein Leben, dessen Endlichkeit uns bewusst ist und das uns deswegen wertvoller erscheint, gleicht in gewisser Hinsicht dieser Studie. Oder andersherum: Wenn wir aus dem Auge verlieren, was auf dem Spiel steht, verarmt unser Leben. Manche Menschen denken jeden Tag an das Ende, ohne jedoch morbide oder depressiv zu sein. Jemand aus unserem Bekanntenkreis, nennen wir ihn Wolf, rechnet sich täglich vor, wie viel Zeit ihm noch bleibt, und zieht daraus seinen Elan. »Als mir klar geworden ist, dass ich vielleicht noch zwanzig gesunde und fitte Jahre vor mir habe, fing ich an, diese zu nutzen«, so Wolf. »Ich lasse keinen Sommer mehr verstreichen, in dem ich nicht jede freie Minute draußen bin. Denn wenn ich einen oder zwei oder drei Sommer vergeude, habe ich nur noch neunzehn oder nur achtzehn oder siebzehn vor mir. Das ist so überschaubar wenig. Deswegen halte ich mich nicht mehr mit nutzlosen Tätigkeiten auf, sondern mache nur noch das, was mir sinnvoll erscheint.« Wolf ist einer der wenigen uns bekannten Menschen, die sich immer wieder selbst motivieren und nie in eine depressive Tatenlosigkeit versinken. Offensichtlich gelingt ihm das vor allem mit dem Bewusstsein der eigenen Endlichkeit. »Mors certa, hora incerta. – Der Tod ist gewiss, die Stunde ungewiss«, mahnt wohl deshalb auch eine häufige Inschrift auf alten Uhren.

Dieses Kapitel werden wir mit keinem Fazit beschließen, denn wir möchten niemandem vorformulieren, wie man richtig lebt. Jeder sollte selbst entscheiden, ob er oder sie eher nach dem Truthahnprinzip lebt, lieber den Tod in das Leben mit hineinwebt oder einen Weg dazwischen für richtig empfindet. Aber für den Fall, dass es uns jemand gleichtut und sich traut, täglich auch an den Tod zu denken, möchten wir mit der tröstlichen Erkenntnis des Prospero in Shakespears *Sturm* enden: »Wir sind aus dem Stoff, aus dem die Träume sind, und unser kleines Sein umgibt ein Schlaf.«[31] Der Schlaf, der nach unserem Leben kommt, wird sich nicht von dem Schlaf unterscheiden, der vor unserem Sein da war, und den haben wir ja auch überlebt.

10 Denken, ja – aber was ist das eigentlich?

Oder: Traut euch, über das Denken zu denken

Was für eine Frage. Was Denken bedeutet, ist eigentlich ganz einfach, schließlich machen wir es die ganze Zeit. Denken ist … hm, mal überlegen. Denken ist das Gehirn anstrengen. Denken ist, zu einer Lösung kommen zu wollen. Denken ist, etwas zu begreifen. Ja genau. Das ist es. Der Duden definiert das Wort ähnlich. »Denken: die menschliche Fähigkeit des Erkennens und Urteilens anwenden; mit dem Verstand arbeiten; überlegen.« *Darüber hinaus kann das Denken eine Gesinnung, eine Meinung, Vermutung, Vorstellung, Erinnerung oder eine Annahme umfassen.* Ja, aber mal ehrlich, was sagt uns das jetzt? Da steht eigentlich nur, mit anderen Worten, Denken ist Denken. Jeder Mensch hat zwar wohl eine Vorstellung davon, was das Denken ist, eine konkrete Definition des Begriffs fällt allerdings recht schwer.

Der Grund liegt darin, dass wir mit dem einzigen Denkwerkzeug, das wir haben, über das Prinzip genau dieses Denkwerkzeugs nachdenken müssen. Das ist so, als ob wir mit dem

U-Boot im Meer herumfahren und versuchen, das Meer zu erkunden. Unter der Oberfläche werden wir so einiges wahrnehmen, wir können uns eine Kartografie der Berge, Täler und Korallenriffe unter Wasser erstellen, wir können mit Außenmessfühlern den Salzgehalt und die Temperatur des Wassers messen, und wir können ein Verzeichnis all der Meerestiere erstellen. Aber solange wir nicht auftauchen, ist es unmöglich, zum Beispiel den Gegenpol des Meeres, das Land, zu beschreiben. Wir können allenfalls das Periskop ausfahren und einen winzigen Überblick erhalten. Doch damit können wir nicht erkennen, dass zwischen den Meeren die Kontinente liegen, und wir können uns die Meeresbewegungen, die Gezeiten, nicht erklären. Und ähnlich verhält es sich mit dem Denken. Mit unseren Gedanken (dem U-Boot) versuchen wir, das Denkvermögen unseres Gehirns (das Meer) zu erkennen, und bestenfalls gelingt es uns, mithilfe von bildgebenden Technologien wie der funktionellen Magnetresonanztomografie (Periskop) einen winzigen Blick von oben zu erhaschen. Mit dem Denken unser eigenes Denken zu verstehen ist somit ein ziemlich aussichtsloses Unterfangen.

Deswegen können wir Ihnen auch gleich verraten, dass all die Philosophen und die Psychologen, die sich dem erkenntnistheoretischen Durchdringen des Denkens verschrieben haben, ebenfalls nur tautologische oder beschreibende Definitionen zu Papier gebracht haben (auch wenn sie selbst ihre Arbeiten natürlich anders bewerten würden, aber dies nur als Kommentar am Rande). Die Zünfte, die das Denken von ihrer Funktionsweise her ergründen möchten, die Medizin, Neurologie oder die Neuropsychologie, sind in dieser Hinsicht auch nicht weitergekommen. Sie untersuchen, wie das Denken organisiert ist, welche Hirnareale zusammenarbeiten, wie die Hierarchien im Gehirn aussehen oder was chemisch oder elektrisch bei neuronalen Verknüpfungen (Synapsen) passiert. Wie aus aktivierten Neuronen und aus Neurotransmittern Gedanken entstehen, wissen sie nicht, denn von außen lassen sich Gedankengänge nicht beobachten. Was wir denken, bleibt für immer verborgen.

Wir Forscher sind nicht einmal dazu in der Lage, aus unseren Hirnfunktionen eine Taxonomie zu erstellen, diese also in allgemeingültige Kategorien oder Klassen einzuteilen. Auch dazu müssten wir nämlich mit dem U-Boot aus unserem »Gedanken-Meer« an die Oberfläche aufsteigen und uns die Kategorien von oben aus der Vogelperspektive anschauen. Weil das nicht geht, bleiben wir als Beobachter im Untersuchungsobjekt gefangen. Aber machen wir dennoch das Beste daraus!

Was wissen wir über das Denken? Grundsätzlich lassen sich alle geistigen Tätigkeiten als Denken definieren. Das haben wir in den bisherigen neun Kapiteln gezeigt. Denkprozesse finden bewusst und unbewusst statt, wobei sehr viel mehr unbewusst als bewusst ist. In den meisten Fällen dringt lediglich das Resultat des Denkens ins Bewusstsein vor, während der Denkprozess mehr oder weniger im Hintergrund abläuft.

Im Allgemeinen wird das Denken als menschliche Fähigkeit definiert, doch Forschungen zeigen, dass auch Tiere über kognitive Fähigkeiten verfügen und nicht nur nach Instinkten handeln. Ein sehr netter Versuch mit Raben[32] zeigt, dass diese dazu in der Lage sind, einen Konkurrenten auszutricksen. Das Experiment geht so: Zwei Raben leben in benachbarten Volieren, durch die sie jeweils den anderen beobachten können. Der eine Rabe erhält regelmäßig sein Standardfutter, der andere aber zur normalen Fütterung leckere Fleischstückchen (Raben sind keine Vegetarier), und zwar so viel, dass er sie unmöglich vertilgen kann. Einmal am Tag aber kann der benachteiligte Rabe in die Voliere des anderen fliegen. Was macht nun der bevorzugte Rabe mit all seinen Leckerlis? Er versteckt sie. Das allein ist schon eine großartige Leistung, denn offenbar weiß er, dass der zweite Rabe ihm die Privilegien streitig machen will.

Aber damit nicht genug. Der bevorzugte Rabe versteckt seine Leckerlis in einem Bereich, den der benachteiligte Rabe nicht einsehen kann. Für Menschen ist dieses Verhalten plausibel. Was ist ein Versteck wert, das der Konkurrent kennt? Gar nichts. Aber dass sich Raben in die Perspektive eines anderen Lebewesens hineindenken und ihre Schlussfolgerungen ziehen können, ist für uns erstaunlich. Menschliche Kinder beginnen diese Fähigkeit, die als »Theory of Mind« bezeichnet wird, im Alter von etwa drei bis vier Jahren zu erlernen, manchen Menschen fällt die Außenperspektive bis heute schwer, und Autisten gelingt sie oft gar nicht. Hingegen besitzen Papageien, Krähen, Schimpansen und Delphine solch außergewöhnliche Problemlösefähigkeiten und darüber hinaus komplexe soziale Strukturen, die ebenfalls die Fähigkeit eines Perspektivwechsels voraussetzen.

Denken ist eine Dienstleistung für das richtige Handeln. Würde der privilegierte Rabe nicht zuvor bedenken, dass der benachteiligte Rabe ihm natürlich die Leckerlis zum gegebenen Zeitpunkt abspenstig machen würde und er ihm daher das Versteck nicht zeigen darf, würde er sich anschließend anders verhalten. So ist das Denken also eine Dienstleistung für die Antizipation einer möglichen Handlung. Denken schafft Lösungen für unser Überleben. Eine solche kann spontan entstehen, man weiß etwas plötzlich mit einem Schlag, oder ein Gedanke wird bewusst konstruiert. Erkenntnisse, Schlussfolgerungen, Erinnerungen, Wünsche, Meinungen, Vorstellungen und Gefühle sind hierbei die einzelnen Werkzeuge.

Ja genau, auch Gefühle sind nur Werkzeuge. Sie entstehen nicht als Selbstzweck. Im Lichte der Evolution betrachtet, sind Gefühle Dienstleistungen, welche die Funktion haben, uns schnell zu zeigen, ob eine Situation bedrohlich ist oder ob sie uns guttut. Sie zeigen es uns schneller und direkter als der Verstand. Mit dem allerdings können wir dann entscheiden, ob wir den Gefühlen nachgeben wollen oder ob wir als alternative Handlungsweise etwas an unserer Situation verändern möchten, womit sich dann als Konsequenz auch die negativen oder alarmierenden Gefühle verändern. Wenn wir mit einem Partner unglücklich sind, können wir uns entscheiden, ob wir trotzdem bei ihm ausharren und weiterhin die Situation ertragen wollen, ob wir die Scheidung einreichen oder ob wir eine Paartherapie machen, um die Gründe für das Unglück zu erkennen und eine Veränderung einzuleiten.

Wissenschaftlich unterscheidet man wie gesagt zwischen dem expliziten und dem impliziten Denken. Letzteres geschieht dauernd, unbewusst, schnell, automatisch und ohne große Anstrengung, wie wir in den vorangegangenen Kapiteln gesehen haben. Im Gegensatz dazu kann das explizite Denken mit einer geistigen Anstrengung verbunden sein, da die betreffende Person ihre Aufmerksamkeit aktiv auf ein bestimmtes Thema fokussiert und sich somit konzentriert.

Bislang sind wir davon ausgegangen, dass uns das Denken – auf welche Art auch immer – schon die richtigen Lösungen präsentieren wird. Aber das stimmt ja gar nicht. Unser Denken ist höchst fehlerhaft. Zwar sind wir oft davon überzeugt, eine richtige Schlussfolgerung gezogen und die beste Lösung gefunden zu haben, doch ein paar Jahre später revidieren wir das möglicherweise wieder, weil wir nun über eine reichere Lebenserfahrung verfügen. Oder wir denken zu kurzfristig, wie zum Beispiel in der Umweltproblematik. Oder wir lassen uns von einem einfachen Anschein dazu verleiten, über kompliziertere Zusammenhänge nicht nachzudenken.

Woher wissen wir, dass wir richtig denken?

Woher wissen wir eigentlich, dass eine Überlegung richtig ist? Auch hier gibt es keine Bestätigung von oben, sondern nur eine Antwort in uns selbst. Wir haben einfach irgendwann das Gefühl, dass unsere Überlegung stimmig ist, und dann hören wir auf zu denken. Hier gilt ebenfalls wieder das Reafferenzprinzip (siehe Kapitel 7). Wir stellen uns selbst eine Aufgabe, zum Beispiel das Problem zu lösen, warum wir derzeit unglücklich sind. Wir durchdenken verschiedene Begründungen und Lösungsmöglichkeiten. Irgendwann haben wir das Gefühl der Stimmigkeit. So muss es sein. Dann steht ein klärendes Gespräch mit dem Chef oder der Partnerin an oder die Entscheidung, einen neuen Weg zu gehen.

»Denken ist ein Probehandeln«, meinte einmal Sigmund Freud. Alle Informationen, die bei der Probehandlung nicht zum Ziel führen, müssen nicht weiter bedacht und können verworfen werden. Alle Informationen, die bei der Probehandlung hingegen zum Ziel führen, bleiben in unserem Gedächtnis, und die Bestätigung, dass wir mit diesen Informationen im Ziel angelangt sind, erhalten wir über unser Belohnungszentrum.

Die Antwort, die man sich selbst in dem Moment gegeben hat, ist keine rationale Angelegenheit, die mit Logik etwas zu tun hat, sondern die gerechtfertigte Vermutung, dass die Belohnungszentren des Gehirns Befriedigung geben werden. Dieses Vertrauen kommt über die Stimmigkeit der Möglichkeiten zustande. Die Übereinstimmung der Erwartung, dass es erfolgreich wird, und zu wissen, dass es erfolgreich sein wird. Sich trauen ist immer zukunftsorientiert. Die Selbstversicherung »Ich denke, also bin ich«, getreu der Grundhypothese von René Descartes, ist somit aus dieser Sicht Unfug. Ich denke, also bin ich gerade nicht.

Aber einen Schritt weiter formuliert, könnte seine Hypothese funktionieren: Ich denke, also kann ich handeln und damit eine Balance erreichen. Wir sind als Wesen immer bestrebt, eine Balance zwischen Extremen zu erreichen. Wir sind weder dafür gemacht, ein andauerndes Unglück zu ertragen, noch dafür, andauernd glücklich zu sein. Zufriedenheit ist der Zustand, in dem wir leben können. Eine Depression zu haben oder unglücklich zu sein ist bereits Teil der Lösung, denn das Gefühl signalisiert uns, dass wir etwas verändern müssen. Diese Zustände zeigen uns zum Beispiel die Notwendigkeit einer Therapie oder einer Lebensveränderung an, denn wir möchten ja nicht unglücklich sein, weswegen wir uns anstrengen und aus dem Schlamassel herauskommen wollen.

Doch Sie sehen, wenn Denken auf diese Weise funktioniert, kann es nicht bedeuten, dass es immer richtig ist, was man denkt. »Die Logik des Misslingens«, so hat der Psychologe Dietrich Dörner das Prinzip bezeichnet, wenn wir sogar streng logisch aufgebaute Gedankengänge irgendwann scheitern sehen, weil wir die komplexen Auswirkungen nicht bedenken können. Die Welt ist komplexer und vernetzter, als wir sie mit unserem Intellekt verarbeiten können. Daraus leiten sich zahlreiche Fehlhandlungen ab, ob sie langfristige Strategie und planvolles Vorgehen betreffen oder eine richtige Entscheidung unter Zeitdruck.

Vier grundsätzliche Fehler beim Denken

In seinem epochemachenden Werk *Novum Organum*[33] von 1620 beginnt der Philosoph und Wissenschaftler Francis Bacon mit der Beschreibung von vier Fehlermöglichkeiten, denen wir in unserem Denken ausgeliefert sind. Bacon, dem im Übrigen Immanuel Kant seine *Kritik der reinen Vernunft* widmete, war nicht nur Philosoph und Wissenschaftler, sondern auch ein führender Politiker. In seinem Werk, und dieses ist bemerkenswert für den Beginn unserer Wissenschaft, fängt er nicht an mit möglichen Erkenntnissen, sondern wie unsere Erkenntnismöglichkeiten Fehlschlüssen ausgeliefert sein können:

1. *Überschätzung unserer Analysefähigkeiten:* Als hätte Bacon bereits eine Kenntnis der Evolution gehabt, wie sie sehr viel später von Charles Darwin beschrieben wurde, besteht die erste Fehlermöglichkeit darin, dass wir als Menschen, so wie wir gebaut sind, bestimmten Einschränkungen unterliegen. Aufgrund unserer Werdensgeschichte haben unsere Denkwerkzeuge eine bestimmte Ausprägung bekommen, sodass uns nicht alles zugänglich ist, was wir erfassen und bedenken wollen. Diese natürliche Begrenztheit unseres Denkens muss uns bewusst sein, und wir sind von vornherein zu einer gewissen Bescheidenheit gezwungen, was unsere analytischen Möglichkeiten betrifft.
2. *Überschätzung unserer eigenen Erfahrungs- und Denkmöglichkeiten:* Die zweite Fehlermöglichkeit, der wir ausgeliefert sind, ist jeweils durch uns selbst bedingt. Jeder von uns ist in einer besonderen Weise geprägt, und allein deshalb ist eine Begrenztheit unserer Erfahrungs- und Denkmöglichkeiten gegeben, sodass wir notwendigerweise auch Fehler machen können. Fehler zu machen gehört zu unserer individuellen Prägung. Dies zu wissen gibt uns auch die Möglichkeit, uns selbst gegenüber toleranter und fehlerfreundlich bei den anderen zu sein.

3. *Überschätzung der sprachlichen Ausdrucksmöglichkeiten:* Die dritte Art des Fehlers, der wir ausgeliefert sind, entsteht durch unsere Sprache selbst. Was wir denken, bildet sich nie eindeutig in unseren sprachlichen Möglichkeiten ab. Sprache als explizite Kommunikation mit anderen repräsentiert immer nur einen Ausschnitt des Bedachten. Manchmal wundert man sich über sich selbst, dass man das, was man so klar gedacht hat, nicht in Worte fassen kann. Der Dichter Joachim Ringelnatz sagte einmal, nur Gedanken dächten richtig, doch ihm folge die Sprache nicht. Diese Frustration, die sich manchmal einstellt, nicht in Worte fassen zu können, was einen bewegt, gilt für jeden. In einem Gespräch werden somit möglicherweise Dinge behandelt, die gar nicht den Denkinhalten entsprechen, die jeder in sich trägt. Darüber hinaus mögen die geäußerten Worte und Sätze auch etwas völlig Falsches repräsentieren, weil das implizite Wissen sich üblicherweise der sprachlichen Äußerung entzieht. Es ist notwendig, diese Begrenztheit unserer Verständigung zu kennen, will man angemessen miteinander umgehen. Die Anbetung der Sprache und ihrer Klarheit ist eine Falle, der wir immer wieder ausgeliefert sind.

   Ein äußerst problematischer Satz eines Philosophen des 20. Jahrhunderts, nämlich Ludwig Wittgenstein, lautet: »Die Grenzen meiner Sprache bedeuten die Grenzen meiner Welt.«[34] Wenn man diesem Satz folgt, wird man irregeleitet und ist im Grunde auch gar nicht entscheidungsfähig, weil nur Teile unseres Wissens kommunizierbar sind.

Wittgenstein hat dann übrigens den Rest seines Lebens damit verbracht, das Gegenteil seiner *Tractatus*-Aussagen zu behaupten.

4. *Nichterkennen der eigenen Vorurteile:* Die vierte Art des Fehlers ist bedingt durch die Theorien, die wir uns über Sachverhalte machen oder die wir in uns tragen. Theorien müssen nicht notwendigerweise explizit formuliert sein, sondern eine Theorie ist auch der implizite Rahmen des Erfassens und Bewertens von Gegebenheiten. Wir können gar nicht anders, als im Wahrnehmen und Denken einen theoretischen Rahmen zu nutzen, indem wir bewusste Inhalte einordnen. Solche expliziten und impliziten Theorien sind aber schlichtweg häufig Vorurteile, und Vorurteile bilden selten die Realität ab.

Theorien und Vorurteile erfüllen einen notwendigen Zweck, wie wir gesehen haben, nämlich dass wir uns leichter und anstrengungsloser in der Alltagswelt orientieren können. Sie sind Ausdruck des ökonomischen Prinzips unseres Gehirns, notwendigerweise aber repräsentieren sie immer nur Ausschnitte, die uns als Person oder als Gemeinschaft interessieren mögen. Wissenschaftler sind Theorien ausgeliefert, und es ist außerordentlich schwierig, aus einem allgemeingültigen Rahmen theoretischer Deutungen herauszutreten.

Gut, wenn viele trotzdem selbst denken

Trotz dieser prinzipiellen Fehlermöglichkeiten geht am Selbstdenken kein Weg vorbei. Der Clou am Selbstdenken besteht nicht nur darin, dass man es autonom und selbstständig macht, sondern dass man sich von den Denkgewohnheiten anderer und den eigenen befreit. Wenn man selbstständig denkt und einem bewusst ist, dass es gar nicht unbedingt richtig sein muss, dann bedeutet es, dass man offen ist für die Denkfassade der anderen. Man selbst hat vielleicht nicht recht und der andere auch nicht. Die Welt ist nicht perfekt, das muss klar sein. Alle Leute denken permanent, aber es geht ja auch viel daneben. Warum funktioniert es trotzdem? Viel geht schief, aber trotzdem funktioniert man irgendwie.

Das Denken funktioniert wahrscheinlich deswegen noch recht gut, weil wir viele sind und somit eine Weisheit der Masse entsteht, wie es der US-amerikanische Journalist James Surowiecki[35] ausdrückte. »Für gewöhnlich bedeutet Durchschnitt Mittelmaß«, stellte er fest, »bei Entscheidungsfindungen dagegen entstehen aus dem Mittelmaß oft Leistungen von herausragender Qualität. Allem Anschein nach sind wir als Menschen also programmiert, kollektiv klug und weise zu sein.«

Hierzu kann jeder ein einfaches Experiment durchführen: Man frage bei einem Abendessen, welche Temperatur der Raum habe, und jeder schreibt seine Schätzung auf einen Zettel. Wichtig ist da, dass jeder unabhängig vom anderen seine Schätzung aufschreibt, denn sonst gerät man in einen Gruppenzwang, und der hat nun wiederum gar nichts mit der Weisheit der vielen zu tun, sondern bedeutet ein gegenseitiges Aufschaukeln bis hin zur Verführung der Massen, wie auch unsere eigene Geschichte in den Hitlerjahren gezeigt hat. Wichtig für das Experiment ist weiterhin, dass jedem Einzelnen zumindest ein paar Informationen zugänglich sind und dass er diese auch selbst einordnen kann. Es bringt zum Beispiel nichts, ein Kleinkind an diesem Experiment teilnehmen zu lassen, das vielleicht die Zahlen kennt, aber von der Temperatur keine Ahnung hat. Auch muss gewährt sein, dass jeder Einzelne seine Schätzung frei kundgeben darf, ohne zum Beispiel Angst zu haben, dass er bei einer Fehlschätzung der Lächerlichkeit preisgegeben wird. Sind diese vier Bedingungen gegeben, also Meinungsvielfalt (dazu müssen jedem Einzelnen zumindest ein paar Informationen zugänglich sein), Unabhängigkeit, Dezentralisierung und Aggregation (die Möglichkeit also, dass Meinungen aufeinandertreffen), bestimmen Sie aus all den Schätzungen den Mittelwert. Und Sie werden feststellen, dass dieser die Raumtemperatur ziemlich exakt wiedergibt, wahrscheinlich sogar wesentlich besser als irgendeine einzelne Schätzung.

Zusammen kommen wir also zu einer recht zutreffenden Aussage. Vielleicht ist es auch deswegen sinnvoll, dass wir Menschen soziale Wesen sind. Damit haben wir zumindest die Chance, gemeinsam zu einem guten Ergebnis zu gelangen.

Der andere als Quell der eigenen Kreativität

Denken in der Gegenwart eines inspirierenden anderen Menschen ist eine unglaublich bereichernde Erfahrung. Wenn zwei Menschen gut in der Gegenwart des anderen denken können, dann fühlen sie sich durch nichts beängstigt, sie wollen keine Show abziehen und denken deshalb auf einem ganz anderen Niveau als allein. Sie sind frei für neue Assoziationen.

Und das zeigt, dass das Denken nicht nur eine autarke Angelegenheit ist, sondern dass wir dazu die Gegenwart eines anderen Menschen als bereichernd empfinden können. Der Schriftsteller Heinrich von Kleist hat dies in seinem Aufsatz »Über die allmähliche Verfertigung der Gedanken beim Reden« (1805/06) beschrieben. Er rät, Probleme, die nicht durch eigenständiges Nachdenken zu lösen sind, mit anderen zu besprechen. Der Gesprächspartner muss gar nicht selbst in der Materie stecken. Es kann sogar von Vorteil sein, wenn er nichts von dem Problem versteht, das wir gerade lösen wollen. Denn dann sind wir gezwungen, den Sachverhalt strukturiert und verständlich vorzutragen. Das ist der erste Schritt, um selbst zu verstehen. Die bereits vorhandene »dunkle Vorstellung« in unserem Kopf wird durch das Gespräch präzisiert, da wir durch das Reden gezwungen sind, dem Anfang auch ein Ende hinzuzufügen. Und möglicherweise ist das der entscheidende Einfall, auf den wir gewartet haben.

Aber auch das Gegenteil ist wahr. Der andere kann eine Denkbehinderung darstellen. Man stellt sich immer auf den anderen ein, auf einer impliziten Ebene. Dies kann der Fall sein, wenn jemand besonders vereinnahmend ist, durch seine Denkweise, aber vielleicht auch einfach durch seine Attraktivität. Wenn wir dann über ein Problem nachdenken, werden wir durch die Anwesenheit des anderen eher vernebelt, es fällt uns nichts mehr ein. Ein derartiger Prozess kann eine Katastrophe sein. Ebenso, mit einem Menschen unterwegs zu sein, mit dem man sich nicht unterhalten kann. Nicht denken zu dürfen, ohne Anregungen von außen dahinzuvegetieren ist qualvoll.

Wir denken auch anders in der Gegenwart von jemandem, zu dem wir eine aggressive Einstellung besitzen. Einem solchen Menschen wollen wir nicht zuhören. Es ist eine typische Prüfungssituation: Die Einstellung auf den anderen beeinflusst den Denkprozess. Oder wenn jemand von vornherein zu erkennen gibt, dass er nicht zuhört, dann fühlt man sich mit der Zeit selbst demotiviert und hat nicht die Kraft, jetzt noch kreativ zu sein. Die kreative Denkwelt muss man abgrenzen, in ihr bewegt man sich, man wirft sich gegenseitig die Bälle zu, statt den anderen zu dominieren.

Ist jemand einem nicht positiv zugewandt, findet man keine Möglichkeit, sich mit dessen Gehirn zu synchronisieren. Man ist vielmehr mit ganz anderen Dingen beschäftigt, die auftauchen oder die nicht auftauchen. Das Gegenextrem ist aber auch nicht besser: wenn jemand gern zuhört und permanent zustimmt, egal, was man selbst sagt. Ein solches Verhalten führt wiederum zu dem Gefühl, der andere habe keine eigene Meinung und sei einem hörig. Dessen Bestätigung der eigenen Gedanken hat somit keinen Wert, sie ist bedeutungslos, weil sie zu nichts führt. In seiner Kreativität andauernd bestätigt zu werden kann frustrierend sein, wenn man das Gefühl bekommt, nicht wirklich wahrgenommen zu werden.

Beim Denken ist somit der andere das Problem, die Hölle, das sind sozusagen die anderen, wie es Sartre einmal sagte. Vertrauen in die anderen ist hingegen eine gute Denkvoraussetzung, wobei auch gilt, dass nicht jeder alles wissen muss.

Vier Anregungen für ein besseres Denken

Insgesamt müsste uns klar sein, dass wir uns nicht nur nach unten abgrenzen können, etwa gegenüber Menschen mit Alzheimer, Hirnerkrankungen, Agnosien, bei denen Denkprozesse verlangsamt oder qualitativ verändert sind. Genauso müssen wir auch sagen, dass es nach oben Wege gibt, die uns versperrt sind. Wie die Denkfehler gezeigt haben, braucht es weitere evolutionäre Schritte, wir sind noch im Übergang, wir sind nie fertig. Deshalb ist der Anspruch von Sinninstanzen, alles zu erhalten, wie es ist, unmenschlich. Der Mensch kann nicht als fertig betrachtet werden, er ist es nicht. Der Glaube an die Technik, dass alles durch Technologie und Big Data gelöst werden kann, dass auch aus dem Fehlen das Neue und Besondere entsteht. Die Idee, dass alle Lösungen schon gegeben sind. Wer Big Data anbetet, der glaubt, dass die Wissensansammlungen schon das Wissen in sich tragen. Schnelligkeit wird mit Tiefe verwechselt.

Und so möchten wir Ihnen, aus unserem Denk-U-Boot

heraus, zum Abschluss noch vier Methoden mitteilen, die jeden erfolgreichen Denkprozess kennzeichnen.

1. *Kategorien bilden:* Am Anfang jedes Denkens, insbesondere wenn es eine strategische Ausrichtung hat, steht die Bestimmung eines Denkinhalts einer Kategorie. Jedes Denken muss sich immer auf etwas Bestimmtes beziehen, und die Auswahlprozesse unseres Gehirns extrahieren zielorientiert die jeweils erforderlichen Inhalte, die für die Lösung des Problems notwendig sind. Es ist interessant, dass wir in unserer Sprache gar keinen Begriff haben für diese notwendigen Bausteine des Denkens, diese »Denksteine«, oder kurz vielleicht auch als »das Denk« zu bezeichnen.
2. *Zeitlichen Bezug setzen:* Jede Denkoperation ist dadurch gekennzeichnet, dass verschiedene Kategorien in einen Bezug gesetzt werden müssen. Typischerweise ist dieser assoziative Bezug in eine zeitliche Kontinuität eingebunden. Auch wenn wir den Eindruck haben mögen, dass unser ganzes Denken ein »gleichzeitiger Prozess« ist, ist dennoch klar, dass es jeweils eine Abfolge von definierten Kategorien sein muss, die in einen Bezug gesetzt werden. Dieser Bezug mag logisch orientiert sein, oder er mag frei assoziativ oder möglicherweise sogar kreativ sein.
3. *Kausalen Bezug setzen:* Diese Abfolge von Denkinhalten in unserem Bewusstsein ist die notwendige Bedingung dafür, damit eine dritte Operation durchgeführt werden kann, nämlich ein kausaler Bezug zwischen verschiedenen Kategorien aufgedeckt wird. Menschen unterliegen einem

zwanghaften Kausalitätstrieb. Wir wollen immer verstehen, warum etwas der Fall ist. Eine der ersten Fragen, die Kinder stellen, ist die Frage nach dem Warum. Diese Sehnsucht nach Verstehen auf der kausalen Ebene wird in der dritten Denkoperation zum Ausdruck gebracht.

4. *Glückliches Endgefühl haben:* Die vierte Denkoperation ist qualitativ von den ersten dreien, also der Herstellung einer Kategorie, ihrem zeitlichen und kausalen Bezug, verschieden. Wenn wir ein Problem gelöst haben, dann ist ein wesentliches Merkmal des Empfindens einer richtigen Lösung, dass alles stimmig ist, dass die verschiedenen Elemente zueinanderpassen, dass sie insgesamt eine Gestalt bilden. Erfolgreiches Denken als Probehandeln ist gekennzeichnet durch ein Glücksgefühl, das sich in dem Aha-Erlebnis oder der plötzlichen Einsicht zeigt. Dieses Glücksgefühl ist bedingt durch die Ästhetik, die Einfachheit und Klarheit der Lösung. An diesem Punkt haben wir ein solide Grundlage für eine Entscheidung gefunden.

Fazit

Denken, Fühlen und Handeln – das sind die drei Dimensionen des menschlichen Erlebens. Doch in letzter Zeit beschleicht einen der Eindruck, Fühlen und Handeln treten hinter dem Denken zurück. Wir haben hoffentlich mit unseren Ausführungen gezeigt, wie sehr diese drei Dimensionen zusammengehören und sich gegenseitig bedingen.

Dank

Ein Buch wird zwar immer mit den Autoren in Verbindung gebracht, doch ohne die Hilfe von vielen anderen Menschen wäre es nicht entstanden.

So möchten wir zunächst sehr herzlich unserem Verlag danken: dem Verlagsleiter Ulrich Ehrlenspiel, dem wir schon seit vielen Jahren und Büchern treu sind und der es auf klare Art und Weise versteht, unsere manchmal noch halbfertigen Ideen und Überraschungen so zu präzisieren, dass dann am Ende ein fertiges Buch dasteht. Dieser Prozess wurde umsichtig von den beiden Verlagslektorinnen Ann-Kathrin Kunz und Stefanie Gördes begleitet, denen wir damit ebenfalls sehr danken möchten. Einen großen Dank auch an den Außenlektor Ralf Lay für seine sensible Überarbeitung des Manuskripts. Diese hat dem Buch sehr gut getan, und wir Autoren sahen unser Werk durch seine Anmerkungen gewertschätzt und gleichzeitig auch an notwendigen Stellen verbessert.

Vor dem Schreiben steht die Ideensammlung und nach dem Schreiben das kritische Erstlesen. Hierfür möchten wir für ganz besondere Dienste Dr. Reinhardt Vogt danken, der eine lebendige Enzyklopädie ist, und was er einmal nicht in seinem Kopf findet, das hat er garantiert sofort in seiner umfangreichen Bibliothek zur Hand.

Ein Buch zu schreiben ist zwar eine einsame Angelegenheit, aber damit wir »einsam« schreiben konnten und uns in tiefste Konzentration versenken durften, war die Mitarbeit der Menschen unserer Umgebung nötig. Daher möchten wir unseren jeweiligen Partnern dafür danken, dass sie diese Zeit so verständnisvoll mitgetragen haben. Im Fall von Beatrice Wagner ist besonders auch ihrer Tochter Coco zu danken, die abends auf wunderbare Weise immer etwas Leckeres auf den Tisch zauberte, eine übrigens sehr angenehme Rollenverteilung, die hoffentlich noch weiter anhält.

Abschließend danken wir den Lesern, die das Buch überhaupt erst komplettieren! Und damit werden wir es nun in seine Freiheit entlassen.

Beatrice Wagner und Ernst Pöppel

Anmerkungen

1 Voltaire: *Candide oder der Optimismus*, Marix Verlag, Wiesbaden 2012 (EA Genf 1759).

2 Die Liste war in der Ausstellung »Darwin – Reise zur Erkenntnis« im Museum für Naturkunde Berlin (12.2. bis 3.1.2010) zu sehen. Die Textpassagen sind entnommen aus Maria Benning: »Wie der historische Charles Darwin zur Ehe kam. Eine Liebeserklärung als zweispaltige Tabelle«, in *Telepolis*, 15.2.2009, http://m.heise.de/tp/artikel/29/29740/1.html.

3 Vgl. Beatrice Wagner: »Das Geheimnis der Intuition entschlüsselt«, in *Psychologie Heute*, Januar 2006, S. 8 f.

4 Murray Gell-Mann: *Das Quark und der Jaguar*, Piper, München 1994.

5 Laotse: *Tao te king. Das Buch vom Sinn und Leben*, übersetzt und mit einem Kommentar von Richard Wilhelm, Eugen Diederichs Verlag, München 1978, S. 39.

6 Entnommen aus Spiegel Online: »Vergessener Held. Der Mann, der den Dritten Weltkrieg verhinderte«, http://www.spiegel.de/einestages/vergessener-held-a-948852.html.

7 Siehe https://www.wired.de/collection/latest/die-neue-karte-von-martin-vargic-zeigt-die-vorurteile-dieser-welt.

8 Daniel Kahneman und Amos Tversky: »Prospect Theory: An Analysis of Decision Under Risk«, *Econometrica* 47 (2), 1979, S. 263–291.

9 Kurt Danziger: *Constructing the Subject. Historical Origins of Psychological Research*, Cambridge University Press, New York 1990.

10 Beispielsweise in seinem Buch *Risiko. Wie man die richtigen Entscheidungen trifft*, C. Bertelsmann, München 2013.

11 Wahrscheinlich stammt das Märchen von dem persischen Dichter Amir Chosrau (1253–1325). Bekannt wurde es durch das Buch *The Travels and Adventures of Serendipity* von 1958, erschienen 2002 (auf Italienisch), des US-amerikanischen Soziologen Robert K. Merton. »Serendip« ist eine alte, von arabischen Händlern geprägte Bezeichnung für Ceylon, das heutige Sri Lanka.

12 Alexander R. Lurija: *Der Mann, dessen Welt in Scherben ging. Zwei neurologische Geschichten*, Rowohlt, Reinbek bei Hamburg 1991 (EA Moskau 1968 und 1971).

13 Erik H. Erikson (1902–1994) war ein deutsch-amerikanischer Psychoanalytiker. Bekannt wurde er durch sein Stufenmodell der psychosozialen Entwicklung. Darin geht es darum, dass sich das Ich im Spannungsfeld zwischen den Bedürfnissen und Wünschen des Kindes als Individuum und den sich im Laufe der Entwicklung verändernden Anforderungen der sozialen Umwelt entfaltet. Hierfür hat er acht Stadien definiert.
14 Leopold von Ranke: *Über die Epochen der neueren Geschichte*, Alfred Kröner Verlag, Stuttgart 1942 (EA 1854).
15 Martin Buber: *Ich und Du*, Gütersloher Verlagshaus, Gütersloh, 16. Aufl. 1999.
16 William James: *The Principles of Psychology*, Harvard University Press, Cambridge 1983 (zuerst 1890).
17 Zusammenfassung zum Beispiel hier: Ernst Pöppel: »Presemantically defined temporal windows for cognitive processing«, *Philosophical Transactions of the Royal Society B* 363, 2009, S. 1887–1896, abzurufen unter http://ernst-poeppel.jimdo.com.
18 Daniel Kupper: *Leonardo da Vinci*, Rowohlt, Reinbek 2007.
19 »Das Unvollendete«, *Spiegel* 52/1956, www.spiegel.de/spiegel/print/d-43064985.html.
20 E. Pöppel, R. Held und D. Frost: »Residual visual function after brain wounds involving the central visual pathways in man«, *Nature* 243, 1973, S. 295 f.
21 Sir Winston Churchill, 2. November 1949, Grosvenor House, London; zitiert in Richard M. Langworth, *Churchill: In His Own Words*, Random House UK, London 2012.
22 »Ein Bild ist nicht von vornherein fertig ausgedacht und festgelegt. Während man daran arbeitet, verändert es sich in dem gleichen Maße wie die Gedanken. Und wenn es fertig ist, verändert es sich immer weiter, entsprechend der jeweiligen Gemütsverfassung desjenigen, der es gerade betrachtet …« (Pablo Picasso: *Wort und Bekenntnis*, Verlag Die Arche, Zürich 1957).
23 Simon M. Reader: »Don't call me clever«, *New Scientist* 183, 2004, S. 34–37.
24 Martin Heidegger: *Sein und Zeit*, Niemeyer, Tübingen, 19. Aufl. 2006 (EA 1927).
25 Irvin D. Yalom: *Existenzielle Psychotherapie*, EHP, Bergisch Gladbach, 5., korr. Aufl. 2010 (EA 1980).
26 Leo N. Tolstoi: *Der Tod des Iwan Iljitsch*, Insel, Leipzig 1913, Neuausgabe 2002.
27 Jenny Downham: *Bevor ich sterbe*, C. Bertelsmann, München 2008.
28 Bronnie Ware: *5 Dinge, die Sterbende am meisten bereuen. Einsichten, die Ihr Leben verändern werden*, Arkana, München 2015.
29 Peter Sloterdijk: *Du mußt dein Leben ändern*, Suhrkamp, Frankfurt a. M. 2009.
30 Sigmund Freud: *Zeitgemäßes über Krieg und Tod*, Internationaler Psychoanalytischer Verlag, Leipzig/Wien/Zürich 1924.

31 William Shakespeare: *Der Sturm (The Tempest)*, 4. Akt, 1. Szene/Prospero, Uraufführung 1611.
32 Josef H. Reichholf: *Rabenschwarze Intelligenz. Was wir von Krähen lernen können*, Herbig Verlag, München 2009.
33 Francis Bacon: *Neues Organ der Wissenschaften*, unveränderter reprograf. Nachdruck der Ausgabe, Leipzig 1830 und Darmstadt 1990.
34 Ludwig Wittgenstein: *Tractatus logico-philosophicus*, Suhrkamp, Frankfurt a. M. 1963.
35 James Surowiecki: *Die Weisheit der Vielen. Warum Gruppen klüger sind als Einzelne*, Goldmann, München 2007 (zuerst 2004: *The Wisdom of Crowds*).

Personenregister

Sachregister